北大版新一代对外汉语教材 · 报刊教程系列

报刊语言基础教程(下)

肖　立　编著

北京大学出版社
PEKING UNIVERSITY PRESS

图书在版编目(CIP)数据

报刊语言基础教程.下/肖立编著.—北京：北京大学出版社，2005.8
(北大版新一代对外汉语教材·报刊教程系列)
ISBN 978-7-301-08904-0

Ⅰ.报…　Ⅱ.肖…　Ⅲ.汉语-阅读教学-对外汉语教学-教材　Ⅳ.H195.4

中国版本图书馆 CIP 数据核字(2005)第 031220 号

书　　名：报刊语言基础教程(下)
著作责任者：肖立　编著
责 任 编 辑：张弘泓
封 面 设 计：毛　淳
标 准 书 号：ISBN 978-7-301-08904-0/H·1460
出 版 发 行：北京大学出版社
地　　址：北京市海淀区成府路 205 号　100871
网　　址：http://www.pup.cn　电子信箱：zpup@pup.pku.edu.cn
电　　话：邮购部 62752015　发行部 62750672　出版部 62754962　编辑部 62753334
印 刷 者：涿州市星河印刷有限公司
787 毫米×1092 毫米　16 开本　12.5 印张　208 千字
2005 年 8 月第 1 版　2007 年 10 月第 2 次印刷
定　　价：35.00 元

前　言

本教材适用于对外汉语教学初中级阶段。主要用于培养留学生的报刊阅读能力。

教材共30课,每课包括课文、阅读和练习三个部分,其中课文和阅读部分配有生词表,包括英文翻译。为适应自学需要,全书最后附有生词索引和全部练习的答案。

课文和阅读均选自近期公开出版和翻译的国内外报刊、影视、网络资料。在选取材料时,没有过分拘泥于国内知名报刊,而是力求体现当今中国的变化和活力,并且充分考虑了历年教学中所感受到的留学生的阅读兴趣。因教学需要,大部分课文和阅读课文都经过了删改。对于可能影响阅读效果的关键环节和数字,已经尽力核实订正。

本教材难度控制的主要依据是《高等学校外国留学生汉语言专业教学大纲》(北京语言文化大学出版社2002年)的二年级生词表和语法项目部分,并吸收了近年来新出现的词汇及其用法。主课文的篇幅,从最初的800字左右,逐渐向1000字左右过渡,循序渐进,最后达到1500字左右。以上难度控制和篇幅安排,适用于对外汉语本科生二年级一年的学习时间或学力相当者自学的需要。

依照经验,我们建议的使用方法是,每周四个学时,学习一课。前两个学时处理课文和相关的练习,在细读课文的基础上,精讲多练,使学生充分理解中国新闻语言的特点,掌握课文中出现的生词(特别是复现生词)和语法重点。为达此目的,编者在每一课课文后,都设计了大量直接针对课文的练习。后两个学时根据学生水平的不同,可以选取三篇阅读中的部分或全部深入训练,主要目标是提高阅读速度,锻炼一种或几种阅读技巧。为此目的,几乎所有的阅读一和阅读二都安排了选择和判断题,以检验学生的阅读效果。

本教材充分吸收了近年来阅读理论中的新观点和看法,充分尊重阅读中可能出现的理解分歧,并为此设计了"划线连接相关词语"这样的答案比较灵活的开放性练习。教师宜引导和鼓励学生发现文章中词语和词语的内在关系,并由此了解新闻语言的特点和文章的内在逻辑。编者希望这样的开放性练习有助于提高学生的阅读兴趣和逻辑思维能力。

本教材的编写得到北京语言大学特别是汉语学院的大力支持，教材中吸收了白崇乾、王世巽、彭瑞情及刘谦功的经验、智慧。史艳岚承担了生词注音和按音序编排的工作,Steven Daniels 审阅了全部生词的英文翻译。

北京大学出版社郭力、沈浦娜和张弘泓老师为教材的出版耗费了大量时间和心血。

我还希望以这本教材的出版告慰已经故去的朋友徐善强。

我个人对教材中出现的一切不当和错误承担全部责任。

肖立

2005 年 3 月 15 日

于北京语言大学

作者简介

肖立,男,1966 年生于西安。文学博士。1996 年至今,任教于北京语言大学汉语学院,主要承担《中国国情》和《报刊语言基础》的教学工作。著有《世纪老人的话——钟敬文评传》,《中国国情》等。

目　录

第16课

“神舟”五号载人飞船发射成功

人民网酒泉10月15日电(记者　**廖文根**)　今天9时0分,我国自行研制的“神舟”五号载人飞船将中国第一名航天员送上太空。这是我国进行的首次载人航天飞行,中国成为世界上第三个能够独立开展载人航天活动的国家。

乘坐“神舟”五号载人飞船执行任务的航天员杨利伟,今年38岁,中校军衔。他是我国自己培养的第一代航天员,曾经是优秀的战斗机飞行员,飞行达1350 小时。1998年被选拔为航天员,经过五年刻苦训练和学习,各项成绩全部达到优秀。在此次载人航天飞行任务中,通过严格的选拔和考核,杨利伟和翟志刚、聂海胜组成了首次载人航天飞行航天员梯队,飞船发射前,载人航天工程指挥部决定,由杨利伟执行首次载人航天飞行任务。按计划,杨利伟将乘坐飞船环绕地球飞行14圈后返回地面,在我国内蒙古中部地区着陆。

目前,我国有14名航天员,他们是从1500多名空军现役飞行员中选拔出来的,经过严格的理论、身体和心理训练,都具备了执行载人航天飞行任务的能力。为了培养航天员队伍,我国已建成了航天员选拔与训练中心,自行研制了超重训练设备、航天员综合训练模拟器、航天服等一系列产品和设施。

酒泉卫星发射中心的载人航天发射场是我国1999年投入使用的新型航天器发射场。在这里发射的“神舟”五号载人飞船,由四个部分组成,可以乘载3名航天员。发射“神舟”五号载人飞船的“长征二号F”型运载火箭,以中国运载火箭技术研究院为主研制。它是我国为载人航天工程而研制的,自发射“神舟”一号飞船以来,已连续五次发射成功。

为这次载人航天飞行,还设立了若干个应急救生点。

飞船在轨运行期间,在北京控制中心的指挥下,中国西安卫星测控中心、国内外有关测控站和“远望”号远洋测量船队,将对飞船进行跟踪、测量与控制,了解航天员的身体、生活和工作状态。

此次发射是长征系列运载火箭第71次飞行,也是自1996年10月以来,我国航天发射连续第29次获得成功。

来源:人民网《科技》动态 2003年10月15日09:34 (责任编辑:王京)

生 词

1. 载人飞船	zàirén fēichuán		manned spaceship
2. 发射	fāshè	(动)	launch
3. 自行	zìxíng	(动)	independence
4. 研制	yánzhì	(动)	develop, manufacture
5. 航天员	hángtiānyuán	(名)	astronaut
6. 执行	zhíxíng	(动)	perform, carry out
7. 中校	zhōngxiào	(名)	Lieutenant Colonel, commander
8. 军衔	jūnxián	(名)	military rank
9. 刻苦	kèkǔ	(形)	industrious, hard-working
10. 考核	kǎohé	(动)	examine
11. 梯队	tīduì	(名)	echelon
12. 环绕	huánrào	(动)	encircle, revolve around
13. 现役	xiànyì	(名)	active duty
14. 超重	chāozhòng	(动)	overweight
15. 模拟	mónǐ	(动)	simulate, simulation
16. 航天器	hángtiānqì	(名)	spacecraft
17. 运载火箭	yùnzài huǒjiàn		carrier rocket, launch vehicle
18. 应急	yìngjí	(动)	respond to an emergency
19. 测控	cèkòng	(动)	observe and control
20. 测量	cèliáng	(动)	measure, survey
21. 跟踪	gēnzōng	(动)	track, follow

专有名词

酒泉 Jiǔquán Jiuquan Satellite in Gansu Province

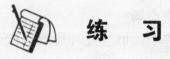

练 习

一、根据课文划线连接具有相同特点的词语

“神舟”五号	运行
发射	考核
航天员	“神舟”一号
选拔	载人飞船
运载火箭	杨利伟

二、连句

1. A）今天9时0分
   B）中国成为世界上第三个能够独立开展载人航天活动的国家
   C）这是我国进行的首次载人航天飞行
   D）我国自行研制的“神舟”五号载人飞船将中国第一名航天员送上太空
   正确的顺序是(　　　)
2. A）载人航天工程指挥部决定
   B）飞船发射前
   C）通过严格的选拔考核，杨利伟和翟志刚、聂海胜组成了首次载人航天飞行航天员梯队
   D）由杨利伟执行首次载人航天飞行任务
   正确的顺序是(　　　)
3. A）杨利伟将乘坐飞船环绕地球飞行14圈后
   B）按计划
   C）返回地面

D）在我国内蒙古中部地区着陆

正确的顺序是(　　　)

4. A）发射“神舟”五号载人飞船的“长征二号F”型运载火箭

B）自发射“神舟”一号飞船以来

C）已连续五次发射成功

D）是我国为载人航天工程而研制的

正确的顺序是(　　　)

三、指出划线动词的宾语中心词

1. 中国成为世界上第三个能够独立开展载人航天活动的国家。(　　　)

2. 乘坐“神舟”五号载人飞船执行任务的航天员杨利伟，今年38岁，中校军衔。(　　　)

3. 通过严格的选拔和考核，杨利伟和翟志刚、聂海胜组成了首次载人航天飞行航天员梯队。(　　　)

4. 我国已建成了航天员选拔与训练中心，自行研制了超重训练设备、航天员综合训练模拟器、航天服等一系列产品和设施。(　　　)

5. 酒泉卫星发射中心的载人航天发射场是我国1999年投入使用的新型航天器发射场。(　　　)

四、选择正确答案

1. 中国共有多少名航天员具备了执行载人航天飞行任务的能力

1）1名

2）3名

3）14名

4）1500名　　　　　　　　　　　　　　　　　　　　　　(　　)

2. 为了培养航天员队伍，我国已建成了航天员选拔与训练中心，自行研制了一系列产品和设施，请指出课文中没有提到的产品和设施：

1）超重训练设备

2）航天员综合训练模拟器

3）航天服

4）航天员手表　　　　　　　　　　　　　　　　　　　　(　　)

3. 为了保证这次载人航天飞行的安全，中国设立了多少个应急救生点？

1）课文中没有明确说明

2）1个

3）4个

4）没有设立 （ ）

4. 在酒泉卫星发射中心发射的“神舟”五号载人飞船最多可以承载多少名航天员？

1）5名

2）3名

3）2名

4）1名 （ ）

5. 飞船在轨运行期间，对飞船进行跟踪、测量与控制，了解航天员的身体、生活和工作状态的是以下哪些部门，请指出错误的一个：

1）北京控制中心

2）中国西安卫星测控中心

3）国内外有关测控站

4）“远望”号远洋测量船队 （ ）

6. 此次发射是中国航天发射连续第几次获得成功？

1）第5次

2）第71次

3）第29次

4）课文中没有明确说明 （ ）

阅读（一）

中国首位航天员杨利伟讲述21小时飞行

杨利伟：飞船发射时，超重感比较强，最大时达到5G。船箭分离时，我感到有一种忽然腾空的感觉，这时又进入了失重状态。大家在北京航天指挥控制中心的屏幕上看到我时，都是半躺在椅子上，这主要是为了让固定摄像机能够拍摄到我的全身。事实上在太空飞行中，我还多次在舱内飘浮起来,比如进行太空拍摄的时候。此外,在整个运行过程中,我感到船舱内的空气非常好,温度适宜,大概是22摄氏度多一点,飘浮物很少。飞船入轨后大约1小时37分,我吃了在太空中的第一餐。此后间隔七八小时,我又吃了两餐,主要是小月饼、鱼肉丸子等,品种很多。总的来讲,感到自己在飞行过程中状态调整得还可以,比较镇静,完全是按照工作程序开展工作,睡眠、食欲都还可以。此外,按照飞行的实际情况,我还在飞行中记录了一些体会,大约有七八页纸。今后几天,我会逐步把它整理出来,告诉我的同事。这些体会对以后进行载人飞行会有帮助。

来源:人民网—《人民日报》(刘程　刘冰)(责任编辑:蒋波)

生　词

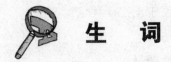

1. 腾空	téngkōng	(动)	empty out, make space for
2. 失重	shīzhòng	(动)	weightlessness, zero gravity
3. 飘浮	piāofú	(动)	float
4. 船舱	chuáncāng	(名)	cabin
5. 适宜	shìyí	(形)	fitting. suitable
6. 轨	guǐ	(名)	orbit, track
7. 食欲	shíyù	(名)	appetite

选择正确答案

1. 杨利伟觉得超重感比较强的时候是:
   1) 飞船发射时
   2) 船箭分离时
   3) 在太空飞行中
   4) 吃东西的时候　　　　(　　)
2. 大家在北京航天指挥控制中心的屏幕上看到杨利伟时,他都是半躺在椅子上,这是因为:

1）超重感比较强

2）失重感比较强

3）为了让摄像机拍摄更方便

4）为了吃饭和睡觉更方便 （ ）

3. 对自己在太空中的工作和生活情况，杨利伟的看法是：

1）事实上在太空飞行中，我还多次在舱内飘浮起来

2）我感到船舱内的空气非常好，温度适宜，大概是22摄氏度多一点，飘浮物很少

3）总的来讲，感到自己在飞行过程中状态调整得还可以，比较镇静

4）我还在飞行中记录了一些体会，大约有七八页纸 （ ）

4. 在这篇课文中，杨利伟没有介绍的部分是：

1）飞船发射和飞行的过程

2）飞船的内部环境

3）他在飞船上的工作和生活

4）他在飞行过程中的感情活动 （ ）

阅读（二）

下一批航天员没有女性

毕业于北航的黄伟芬负责航天员的选拔与训练，是中国航天界为数不多的女性之一。

她的位置非常重要，当初杨利伟就是这位女教官训练出来的。因此对于在下一批选拔中女航天员会否出现的话题，黄伟芬的说法应该颇具权威性：“很遗憾，在我刚刚作出的下一批航天员选拔方案中，‘性别不限’这一条被取消了。”

原因不是女性的身体条件限制，在生理适应性上，女性是完全没问题的，主要是对飞船工程改造带来一定的压力。航天员换成了女性，飞船上的很多装置都要改变，毕竟男女生理构造不同，比如大小便收集器

就要改造,这样对飞船研制工作人员来说是一个挑战。对于航天飞船来说,工程设计系统越复杂,可靠性越低,成本越高。

不过黄伟芬同时表示,中国女性未必不能圆航天梦,只要"国家下了决心,不惜对飞船大作改造,就能实现了,因为生理上女性是完全没问题的,国外也有女宇航员。"(邱瑞贤)(人民网《科技》动态 2003年12月08日08:15)

生　词

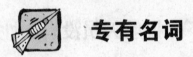

1. 遗憾	yíhàn	(形)	regretful, sorry
2. 收集	shōují	(动)	collect
3. 未必	wèibì	(副)	unnecessarily
4. 不惜	bùxī	(动)	not hesitate, not spare

专有名词

北航	Běiháng	Beihang University

判断正误

1. 在中国航天界工作的女性很多,但是毕业于北航的很少。(　　)
2. 黄伟芬曾经负责选拔与训练了杨利伟。(　　)
3. 从她所说的话来看,黄伟芬希望下一批航天员中能够出现女性。(　　)
4. 中国女性没有能够参加太空飞行的主要原因是身体条件不合适。(　　)

5. 黄伟芬最后表示,中国女性成为航天员可能永远只是一个梦想,无法实现。(　　)

阅读(三)

我国第一只航天表揭开神秘面纱

新华网广州10月28日电(记者　**陈冀**)黑色表面、金属表壳、黑色表带,看上去与普通手表并无太大差别。可它却经受住了条件苛刻的太空考验,陪伴着中国航天员杨利伟成功完成了中国人的首次太空之旅。深圳飞亚达(集团)股份有限公司有关人员日前向记者揭开了中国第一只航天表的神秘面纱。

太空环境条件恶劣,具有不可预测性,太空之旅的各项仪器和装备必须具有极高的安全性和准确性,特别是对时间的要求更是苛刻。太空中的杨利伟要与远在北京的地面指挥中心保持时间精准同步，必须采用高度精确的时间计算仪器。中国钟表民族品牌——飞亚达航天表出色地完成了这个重任，中国也一跃成为世界上第三个能生产和制造航天表的国家。

据飞亚达钟表技术中心的技术人员介绍,航天表的生产和制造要求异常严格,不仅要解决冲出地球时面对的超重重力,还要面对太空环境的恶劣因素和各种难以预测的情况。

到目前为止，作为航天表使用的钟表品牌只有OMEGA和前苏联品牌Fortis,飞亚达是世界上第三个太空人使用的钟表品牌。中国首只航天表在飞亚达公司秘密制作了三年,并将由国家航天局永久收藏。

来源：新华网（责任编辑：**徐冬梅**）（**人民网**《科技》前沿 2003年10月29日09:31）

生 词

1. 揭开	jiēkāi	(动)	reveal, uncover
2. 面纱	miànshā	(名)	veil
3. 表壳	biǎoké	(名)	watchcase, watch cover
4. 表带	biǎodài	(名)	watchband, wristband
5. 苛刻	kēkè	(形)	harsh
6. 同步	tóngbù	(形)	in-phase, synchronized
7. 制作	zhìzuò	(动)	make, produce
8. 收藏	shōucáng	(动)	collection

简要回答

1. 中国生产的这块航天表是否经历过太空飞行?
2. 除了中国以外,还有哪些国家可以生产航天表?

第17课 人民还需不需要相声？

姜昆曾经这样评价相声：中国有世界上最古老的文化，但老祖宗在古代的生活中怎么开玩笑，估计没人知道。不过他们给中国人留下了一个让人笑的玩意儿，那就是相声。

最逗的就是相声不逗

相声大师侯宝林曾经对旧相声进行整理，为中国的相声事业做出了不朽的贡献。他的《关公战秦琼》、《夜行记》是相声艺术宝库里的经典之作。可是现在，相声竟出现了被冷落的局面。全国相声从业人员不过二三百人，是所有艺术门类中人数最少的。专门写相声的作者不足十人。“最逗的就是相声不逗。”有人评论说。

人们为什么不爱听相声了？

缺少经典之作，好的相声太少。演员赵本山曾说：“是相声自己毁了自己，你把侯宝林的作品搬到今天照样受欢迎——他们缺少经典之作。”赵本山的话说出了相声走下坡路的主要原因。

缺乏平民意识，脱离生活。如今的一些相声演员缺乏平民意识，你很难想像经常生活在五星级酒店的演员，怎么会知道普通百姓的喜怒哀乐，怎么能写出普通人的生活。

缺乏讽刺性。相声最主要的表现特色是它的讽刺性，但为了制造喜庆气氛，一些歌功颂德的作品大受欢迎，而一些带有讽刺味道的相声作品不受重视。

重表演轻语言。有一段时间，化装相声、音乐相声纷纷登场，试图以花样多变的表演形式吸引观众，结果喧宾夺主，适得其反。

相声“为他人作嫁衣裳”。有人说，好的相声演员干什么都行，因为他们有很好的语言基础,掌握喜剧技巧。相声为影视、音乐等艺术门类培养了一大批优秀人才:如中央电视台节目主持人朱军、王刚等等。人才的流失对相声事业的发展来说是最大的问题。

相声正在遭遇危机

其实在任何社会都存在一种现象: 传统艺术越来越难以融入现代社会,相声也是如此。相声是来自老百姓的民间艺术,虽然现在相声正在努力走出“低谷”,往好处发展,我们需要多给它一些时间。(www.huain.com作者:王丹)

生 词

1. 相声	xiàngsheng	(名)	cross-talk, comic dialogue
2. 祖宗	zǔzōng	(名)	ancestors
3. 逗	dòu	(动、形)	tease, play with
4. 大师	dàshī	(名)	master
5. 不朽	bùxiǔ	(形)	enduring
6. 经典	jīngdiǎn	(名)	classical
7. 冷落	lěngluò	(动)	cold shoulder, treat coldly
8. 门类	ménlèi	(名)	kind, sort
9. 毁	huǐ	(动)	destroy
10. 平民	píngmín	(名)	civilian, the common people
11. 讽刺	fěngcì	(动)	satirize, mock
12. 喧宾夺主	xuān bīn duó zhǔ		a presumptuous guest usurps the host's
13. 适得其反	shì dé qí fǎn		just the opposite to what one wishes
14. 喜剧	xǐjù	(名)	comedy
15. 流失	liúshī	(动)	eroding
16. 遭遇	zāoyù	(动)	befall, encounter
17. 危机	wēijī	(名)	crisis

练　习

一、根据课文划线连接具有相同特点的词语

相声大师	演员
《关公战秦琼》	低谷
平民意识	讽刺性
作者	经典之作
危机	《夜行记》

二、指出划线动词的宾语中心词

1. 不过他们给中国人留下了一个让人笑的玩意儿，那就是相声。（　　）

2. 是相声自己毁了自己。（　　）

3. 你很难想像经常生活在五星级酒店的演员，怎么会知道普通百姓的喜怒哀乐？（　　）

4. 但为了制造喜庆气氛，一些歌功颂德的作品大受欢迎。（　　）

三、选择划线词语的正确解释

例如：

但老祖宗在古代的生活中怎么开玩笑，估计没人知道。

1）老人，2）老年的中国人，3）喜欢开玩笑的老人，4）先辈、祖先

1. 最逗的就是相声不逗。
   1）有意思的
   2）让大家没有想到的
   3）让大家吃惊的
   4）很清楚的　　（　　）

2. 是相声自己毁了自己。
   1）看不起
   2）讨厌
   3）破坏
   4）放弃　　（　　）

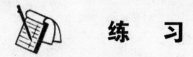

3. 赵本山的话说出了相声走下坡路的主要原因。
   1）越来越简单

2）水平下降

3）让大多数人听不懂

4）只有少数人喜欢 （　　）

4. 有一段时间，化装相声、音乐相声纷纷登场，试图以花样多变的表演形式吸引观众，结果喧宾夺主，适得其反。

1）演员们用新的表演形式吸引观众，结果化装艺术、音乐艺术和相声艺术都得到了发展。这个结果让大家没有想到

2）演员们用新的表演形式吸引观众，结果观众只注意到化装和音乐，没有注意到相声。相声艺术没有得到真正的发展

3）演员们用新的表演形式吸引观众，结果观众只关心相声艺术，不关心化装艺术和音乐艺术。这个结果让大家没有想到

4）演员们用新的表演形式吸引观众，结果观众既不喜欢化装艺术和音乐艺术，也不喜欢相声艺术。相声艺术没有得到真正的发展 （　　）

5. 相声"为他人作嫁衣裳"。

1）相声是一种传统艺术，以前只是在人们结婚的时候才表演的

2）相声是一种大家喜爱的艺术，它非常重要，像女孩子结婚的时候要穿的衣服一样

3）好的相声演员有很强的表演能力

4）现在，相声艺术培养了很多很好的演员，但是流失到其他行业去了 （　　）

6. 虽然现在相声正在努力走出"低谷"，往好处发展，但我们需要多给它一些时间。

1）比喻相声艺术还不成熟

2）比喻相声只是在农村地区才受到欢迎

3）比喻相声只是在山区才受到欢迎

4）比喻相声受冷落的现状 （　　）

四、选择正确答案

1. 整理出《关公战秦琼》、《夜行记》这些经典之作的大师是：

1）姜昆

2）侯宝林

3）赵本山

4）朱军、王刚等等　（　　）

2. 可是现在，竟然出现了相声被冷落的局面。这主要表现在：

1）写作和表演相声的人非常少

2）老祖宗在古代的生活中怎么开玩笑，估计没人知道

3）相声演员经常生活在五星级酒店

4）化装相声、音乐相声纷纷登场　（　　）

3. 在"人们为什么不爱听相声了"这个部分，作者列出了很多原因，请指出其中不正确的一个：

1）一些相声演员缺乏平民意识，脱离生活

2）一些相声作品缺乏讽刺性

3）重表演轻语言

4）现在的年轻人更喜欢外国艺术　（　　）

4. 作者认为相声艺术的将来会怎么样？

1）越来越难以融入现代社会，会被人们逐渐忘记

2）喜欢传统艺术的人们还会继续支持相声

3）已经在逐渐恢复，但是需要很长时间才能达到比较高的水平

4）不清楚，现在无法判断　（　　）

阅读（一）

韩国电视剧为何人气旺

《日本经济新闻》2004年7月11日报道（记者　小山隆史）　为什么韩国的电视连续剧最近有这么旺的人气呢？从事经济调查工作的深津对此进行了考察。

深津来到韩国，对韩国电视台（KBS）进行了调查，他们制作的《冬天的索纳塔》在东亚大受欢迎。负责该剧制作的人说："韩国的电视台一旦决定在海外播放电视连续剧，就把演员、导演都派到那个国家，为电视

连续剧做大张旗鼓的宣传。尤其是最近这几年,特别重视这一点。”

韩国从十多年前开始以低价格战略对海外市场展开了攻势。每部电视连续剧都制作了多国文字的宣传品,在宣传上不惜成本。

据韩国电视台的人说:“这种努力效果很好,在东亚国家,喜爱韩国电视连续剧的人越来越多。”

据说,韩国电视连续剧的出口势头非常好,去年的出口额是4250万美元,今年估计会猛增到6000万美元。

据韩国从事广播影视产业研究的金研究员说:“在政府的支持下,韩国每年都举办广播电视节目展览会等, 全国一致推动电视连续剧的出口。”去年在展览会期间签订的出口合同金额就超过600万美元。

通过调查,深津认为:“韩国电视连续剧之所以在东亚受欢迎,主要是因为韩国有经过周密策划的海外战略。” (2004年7月18日《参考消息》第六版)

生 词

1. 人气	rénqì	(名)	popularity, relations with people
2. 连续剧	liánxùjù	(名)	TV play series
3. 考察	kǎochá	(动)	inspect, make an on-the-spot investigation
4. 大张旗鼓	dà zhāng qí gǔ		do sth. on a large scale
5. 攻势	gōngshì	(名)	offensive
6. 势头	shìtóu	(名)	tendency
7. 策划	cèhuà	(动)	plan, plot

专有名词

东亚	Dōngyà	East Asia

判断正误

1. 韩国的电视连续剧最近很受欢迎，深津对此进行了考察。（ ）

2. 韩国电视台(KBS)的工作人员告诉深津，如果韩国的电视台决定在海外播放电视连续剧，他们就会让演员和导演到那个国家去，在那个国家拍摄连续剧的一些部分。（ ）

3. 从十多年前开始，为了增加出口，韩国在宣传方面投资很多，但是电视连续剧本身的价格并不高。（ ）

4. 据说，韩国电视连续剧的出口势头非常好，今年的出口额会比去年增加6000万美元。（ ）

5. 韩国政府支持韩国的电视连续剧出口。（ ）

6. 这篇课文介绍的是韩国电视连续剧在全世界受到欢迎的原因。（ ）

阅读(二)

张艺谋谈雅典奥运会闭幕式8分钟演出

中国演出团本月25日抵达雅典后，即到当地组委会安排的一个排练场投入了紧张的排练。尽管各方面条件有限，张艺谋对排练的整体效果表示满意。他介绍说，节目的设计、服装和表演受到现场近千名官员和工作人员的好评。身穿鲜艳民族服装的国旗合唱团一出场就引来全场观众一片热烈的掌声。场地控制台的指挥人员对中国艺术家的精彩表演惊叹不已。他们纷纷表示，希望中国的节目同他们的闭幕式一样取得圆满成功。

张艺谋承认,要在短短8分钟的时间内把节目做到完美也不可能,毕竟这是雅典奥运会,毕竟东道主不会答应别人在自己的舞台上喧宾夺主。

他还表示只要需要,他很愿意为北京2008年奥运会效力。

张艺谋还以一个艺术家的眼光高度赞叹雅典奥运会开幕式的独特创意。他说,整个开幕式成功地利用现代高科技表现古老的希腊文化,令人叹为观止。不过他表示,希腊文化和中国文化之间没有可比性,只能是各放异彩。因此,他提醒说,2008年奥运会的开幕式最重要的是要做到有中国自己的特色。(梁蔚)(http://sports.sina.com.cn 2004年08月29日01:45 华奥新浪)

生词

1. 抵达	dǐdá	(动)	arrive
2. 组委会	zǔwěihuì	(名)	organizing committee
3. 排练	páiliàn	(动)	dry run
4. 惊叹	jīngtàn	(动)	exclaim
5. 不已	bùyǐ	(动)	endlessly
6. 眼光	yǎnguāng	(名)	eye, insight, vision
7. 创意	chuàngyì	(名)	originality
8. 叹为观止	tàn wéi guān zhǐ		acclaim as the peak of perfection
9. 异彩	yìcǎi	(名)	extraordinary splendour

判断正误

1. 这篇文章介绍的是中国演出团准备雅典奥运会闭幕式演出的情况。( )
2. 在闭幕式上,中国演出团的节目设计、服装和表演受到好评。( )
3. 张艺谋认为,中国演出团的节目将和东道主的节目一样精彩完美。( )
4. 张艺谋认为,开幕式成功地表现了现代高科技和古老的希腊文化的关系,令人叹为观止。( )

阅读(三)

中法文化年活动：中国电影展

中法文化年电影展项目是近年来规模最大的一次中法电影交流活动。中国电影展参展影片多达110部(其中20部为香港影片)。这些影片跨越了从20世纪20年代到21世纪的漫长历史岁月，包含了那些影响最大、流传最广、最具代表性和里程碑意义的电影佳作。

影片风格各异，题材多样，展现了中国电影的历史进程和不同历史时期的电影精华。从20世纪电影刚刚在中国诞生的经典无声电影、五六十年代新中国出品的优秀黑白电影，一直到采用高科技方法制作的彩色故事片。通过这些影片，观众可以了解到中国的历史文化和自然风光，感受到中国百姓的情感，体验中国改革开放的新貌。

中国电影展由中国国家广电总局电影局、中国电影资料馆与法国电影资料馆等单位联合主办。影展将于11月份正式拉开帷幕，一百多部影片将轮番在法国放映半年。(http://www.sina.com.cn 2003/09/26 16:39 新浪文化)

生　词

1. 漫长	màncháng	(形)	very long, endless
2. 岁月	suìyuè	(名)	years
3. 流传	liúchuán	(动)	come down, go round
4. 佳作	jiāzuò	(名)	an excellent work
5. 展现	zhǎnxiàn	(动)	show, emerge
6. 精华	jīnghuá	(名)	elite, cream
7. 新貌	xīn mào		new look
8. 帷幕	wéimù	(名)	heavy curtain
9. 轮番	lúnfān	(动)	take turns

专有名词

中国国家广电总局　Zhōngguó Guójiā Guǎngdiàn Zǒngjú
The State Administration of Radio Film and Television

简要回答

1. 参加这次中国电影展的影片是什么年代拍摄的?
2. 作者写这篇文章的时候,电影展是否已经开始?将展映多长时间?

第18课

挖掘黄金周前后的旅游商机

旅游界人士指出，由于价格便宜、景点人少，黄金周前后出游如今更受消费者欢迎

"世界大观"总经理陈俊荣：呼唤新型休假方式

由于我国人口众多，休闲和消费时间过于集中，既引起了黄金周期间吃、住、行、游览、娱乐、购物的拥堵，也导致了黄金周后几个月的消费低迷。因此，只有改变这种现状，才能使假日经济对国家经济形势的贡献更大。

首先要打破休闲时间上的不均衡，而酝酿中的带薪休假制度应该是明智的选择。它有利于个人自主选择休假时间，避免休假方式的雷同。

其次，细分假日旅游市场。零点指标网曾对此专门做过调查，他们将受访群体划分为假日旅游高频群体、低频群体以及非假日旅游群体。喜爱旅游的年轻人是整个假日旅游市场中最具有活力的群体，抓住这部分消费群体的需求和偏好非常重要。

再次，大力挖掘新的消费产品。假日经济的内涵不仅仅是简单的观光和购物，还应该开发更多的文化产品，适应不同层次消费者的消费需求；也可以考虑将"黄金周"扩展成"黄金月"甚至"黄金季"，充分利用社会和自然资源，使消费者乘兴而来，满意而归。

"广之旅"总经理郑洪：节后旅游市场呈现多元化

节后的旅游市场并没有马上进入淡季，相反，无论是经营者还是消费者，都十分热衷于节后旅游。黄金周市民放假，但一些服务行业、个体工商户，不能停止工作，自然也不能外出旅游，为旅游企业留下市场空间。而且由于市民的旅游消费心理日渐成熟，为了享受到真正休闲的旅游，有部分人宁愿选择过节加班，节后补休出游，以避开人潮和减少花费。

"广东中旅"总经理叶汉平：黄金周已经前推后移

如果要分析今年"五一"黄金周有什么特点的话,就是节前和节后比节中旺,以云南线路这条热门线路来说,往年三四月是淡季,今年3月也淡,但4月份的散客和团队都比往年同期增加了50%,节后云南团就有1200多人。

以前"五一"黄金周的时候,许多高收入者出游,现在这批消费者把出游时间提早到春节。对于高收入的私营企业主来说,春节假期长,热带气候宜人。所以,现在一到春节,高档线路很好卖,毕竟这个群体对涨价不是很敏感。

黄金周的存在是中国经济的短期行为,即使不采取任何措施,再过两三年就会自然冷下来。人们的旅游、消费心理会日趋成熟,旅游市场的需求将日益多样化。(http://finance.sina.com.cn 2004年06月07日14:45 **信息时报**记者 **郭劲桐**)

生 词

1. 挖掘	wājué	(动)	dig, excavate
2. 黄金周	huángjīnzhōu	(名)	golden week holiday
3. 景点	jǐngdiǎn	(名)	scenic spots
4. 出游	chūyóu	(动)	go on a journey
5. 呼唤	hūhuàn	(动)	call
6. 休假	xiūjià	(名)	take a holiday, vacation
7. 拥堵	yōngdǔ	(动、形)	jam-packed, crowded
8. 低迷	dīmí	(形)	low, depressed
9. 酝酿	yùnniàng	(动)	brew, ferment
10. 雷同	léitóng	(形)	identical
11. 频	pín	(副)	frequency
12. 活力	huólì	(名)	energy, vigor
13. 乘兴而来	chéng xìng ér lái		arriving in high spirits
14. 淡季	dànjì	(名)	off season, low season
15. 旺	wàng	(形)	flourishing, prosperous, vigorous
16. 热带	rèdài	(名)	the tropics

练　习

一、根据课文划线连接具有相同特点的词语

黄金周	酝酿
呼唤	补休出游
低迷	开发
观光	淡季
挖掘	购物
过节加班	假日经济

二、划线搭配动词和名词

导致	市场	避免	群体
细分	低迷	划分	空间
呈现	旅游	留下	淡季
享受	多元化	进入	雷同

三、比较AB两句的意思是否相同

1. A）由于价格便宜、景点人少，黄金周前后出游如今更受消费者欢迎。

   B）由于价格和人流方面的原因，消费者更喜欢在黄金周之前和黄金周之后去旅行。（　　）

2. A）我国人口众多，由于休闲和消费时间过于集中，既引起了黄金周期间吃、住、行、游览、娱乐、购物的拥堵，也导致了黄金周后几个月的消费低迷。

   B）我国人口众多，休闲和消费时间过于集中，有时会引起黄金周期间吃、住、行、游览、娱乐、购物的拥堵，有时会导致黄金周后几个月的消费低迷。（　　）

3. A）他们将受访群体划分为假日旅游高频群体、低频群体以及非假日旅游群体。喜爱旅游的年轻人是整个假日旅游市场中最具有活力的群体。

   B）他们将接受调查的人划分为经常在假日期间旅游的群体、很少在假日期间旅游的群体以及假日期间不去旅游的群体。喜爱旅游的年轻人是整个假日旅游市场中最具有活力的群体。（　　）

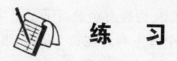

4. A）黄金周市民放假，但一些服务行业、个体工商户，不能停止工作，自

然也不能外出旅游,为旅游企业留下了市场空间。

B) 一些服务行业、个体工商户在黄金周期间不能放假和旅游,他们很有可能参加黄金周前后的旅游。　( )

5. A) 黄金周的存在是中国经济的短期行为,即使不采取任何措施,再过两三年也会自然冷下来。人们的旅游、消费心理会日趋成熟,旅游市场的需求将日益多样化。

B) 黄金周给中国经济带来的问题是短时间的,不需要采取什么措施,再过两三年自然会解决的。黄金周会使人们的旅游、消费心理日趋成熟,旅游市场的规模将会更大。　( )

四、判断正误

1. 带薪休假制度有利于个人自主选择休假时间,避免休假方式的雷同,但是中国还没有实行这种制度。( )

2. 无论假日旅游高频群体、低频群体以及非假日旅游群体都值得旅游企业重视,抓住全体消费者的需求和偏好非常重要。( )

3. 黄金周市民放假,但一些服务行业、个体工商户,宁愿选择过节加班,节后补休出游,以避开人潮和减少花费。( )

4. 虽然一到春节,旅游价格就会上升,但是一些私营企业主还是选择这个时间出游,因为他们的收入比较高,对价格的高低不是很关心。( )

快速阅读

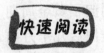

7月起乘飞机随身物品不能超5公斤

将从7月1日起执行的《中国民用航空旅客行李运输规则》规定,每位旅客随身携带登机物品的重量,以5公斤为限。持头等舱客票的旅客,每人可随身携带两件物品;持公务舱或经济舱客票的旅客,每人只能随身携带一件物品。每件随身携带物品的体积均不得超过20×40×55厘米。(王军华) (http://finance.sina.com.cn 2004年06月24日19:11 北京晚报)

阅读(一)

上半年旅游市场兴旺

据新华社乌鲁木齐7月20日电　今年上半年,我国旅游市场良好。从三大市场的恢复情况来看,入境旅游总体恢复情况好于预期,国内旅游的基础地位更加牢固,而出境旅游增长强劲,成为市场的亮点。

国家旅游局介绍说,1至6月,我国入境旅游人数累计已达5143万人次,比2003年和2002年同期分别增长24.3%和9.8%;旅游外汇收入达到106亿美元,比2003年和2002年同期分别增长45%和11.2%;16个主要客源国的来华旅游人数与2002年同期相比全部实现了增长。总的看来,上半年除外国团队旅游市场恢复缓慢以外,商务、散客入境旅游均有大幅增长。

国内旅游市场持续兴旺。作为国内旅游的"晴雨表",今年春节和"五一"黄金周持续兴旺。春节期间,全国接待的旅游者数量和旅游收入比2003年同期分别增长6.4%和13.4%。"五一"黄金周期间,全国接待旅游人数首次突破1亿人次,实现旅游收入390亿元,比2002年同期分别增长了19.6%和17.8%。

出境旅游市场发展迅猛。2003年,我国出境总人数达到2020万人次,首次超过日本成为亚洲出境人数最多的国家。今年上半年,我国出境旅游市场继续强劲增长。1至6月,我国公民出境人数累计已达1333万人次,其中因私出境人数达到1057万人次,占出境总人数的79%,分别比2003年和2002年同期增长87%和136%。(**福建日报** 2004-07-22)

生 词

1. 牢固	láogù	(形)	deep-set, firm
2. 客源	kèyuán	(名)	source of tourists
3. 商务	shāngwù	(名)	business affairs, commerce
4. 散客	sǎnkè	(名)	walker
5. 晴雨表	qíngyǔbiǎo	(名)	barometer

选择正确答案

1. 课文介绍了我国旅游三大市场的恢复情况,三大市场包括哪些部分,请指出错误的一个:
   1) 入境旅游市场
   2) 国内旅游市场
   3) 黄金周旅游市场
   4) 出境旅游市场 (　　)
2. 在入境旅游市场方面,恢复缓慢的是:
   1) 16个主要客源国的来华旅游人数
   2) 外国团队旅游市场
   3) 商务入境旅游
   4) 散客入境旅游 (　　)
3. 被称为国内旅游"晴雨表"的是:
   1) 春节和"五一"黄金周
   2) 黄金周期间全国接待的旅游者数量
   3) 黄金周期间的旅游收入
   4) 黄金周期间旅游者数量和收入的增长速度 (　　)
4. 在出境旅游市场方面,今年1至6月,中国因私出境人数的情况是:
   1) 总人数达到2020万人次
   2) 总人数累计已达1333万人次

3）首次超过日本

4）占出境总人数的79%　　　　　　（　　）

阅读(二)

中国公民9月1日起可游览欧洲27国

新华网北京7月3日电(记者　**钱春弦**)记者从国家旅游局获悉,从今年9月1日起,中国将开展赴欧洲27个国家的团队旅游业务。

这些国家包括奥地利、比利时、塞浦路斯、捷克、丹麦、爱沙尼亚、芬兰、法国、希腊、意大利、拉脱维亚、立陶宛、卢森堡、马耳他、荷兰、波兰、葡萄牙、爱尔兰、斯洛伐克、斯洛文尼亚、西班牙、瑞典、挪威、冰岛、瑞士、列支敦士登和罗马尼亚。

截至目前,可以正式接受中国公民出境旅游业务的国家为26个。到今年9月1日,将达到53个。此外,8个非洲国家的中国公民出境旅游业务也将很快实施。

随着中国经济社会的飞跃发展,中国综合国力不断壮大,人民生活水平显著提高。2003年人均国内生产总值首次突破1000美元,居民个人外汇储备超过900亿美元。这些有利条件促使中国成为全球增长最快的客源输出国。据世界旅游组织统计,中国已跻身全球出境旅游消费前十位。1994年至2003年中国累计出境近1亿人次,年均增长13.87%。其中,2003年,出境总人数达2022万人次,首次超过日本1700万人次左右的出境规模。今年前五个月,中国出境市场继续迅猛发展,达1117万人次,分别比2002年和上年同期增长58.9%和81.6%。(http://www.sina.com.cn 2004年07月03日23:37 新华网)

生　词

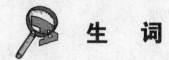

1. 获悉	huòxī	(动)	learn of something
2. 储备	chǔbèi	(名、动)	stock up，save up
3. 输出	shūchū	(动)	send out, export
4. 跻身	jīshēn	(动)	to be ranked among

专有名词

1. 奥地利	Àodìlì	Austria
2. 比利时	Bǐlìshí	Belgium
3. 塞浦路斯	Sàipǔlùsī	Cyprus
4. 捷克	Jiékè	Czech Republic
5. 丹麦	Dānmài	Danmark，Denmark
6. 爱沙尼亚	Àishāníyà	Esthonia，Estonia
7. 芬兰	Fēnlán	Finland
8. 希腊	Xīlà	Greece
9. 拉脱维亚	Lātuōwéiyà	Latvia
10. 立陶宛	Lìtáowǎn	Lithuania
11. 卢森堡	Lúsēnbǎo	Luxemburg
12. 马耳他	Mǎ'ěrtā	Malta
13. 荷兰	Hélán	The Netherlands，Holand
14. 波兰	Bōlán	Poland
15. 葡萄牙	Pútáoyá	Portugal
16. 爱尔兰	Ài'ěrlán	Ireland

17. 斯洛伐克	Sīluòfákè	Slovakia
18. 斯洛文尼亚	Sīluòwénníyà	Swovenia
19. 挪威	Nuówēi	Norway
20. 冰岛	Bīngdǎo	Iceland
21. 瑞士	Ruìshì	Switzerland
22. 列支敦士登	Lièzhīdūnshìdēng	Liechtenstein
23. 罗马尼亚	Luómǎníyà	Romania, Rumania

判断正误

1. 从今年9月1日起，中国将开展赴欧洲27个国家的旅游业务，但是要以团队为单位。(   )

2. 到今年9月1日，可以正式接受中国公民出境旅游业务的国家将达到53个。(   )

3. 2003年，中国人均国内生产总值突破1000美元，国家外汇储备超过900亿美元。(   )

4. 据世界旅游组织统计，中国已跻身全球出境旅游人数前十位。(   )

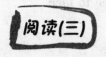

阅读(三)

韩国五日游广告

第一天：成都——仁川。宿仁川。

第二天：乘车到首尔，游览景福宫、青瓦台、博物馆、乐天世界等。宿首尔。

第三天：乘机赴济州，游览奥运会场、龙头岩、日出峰等。宿济州。

第四天：游览地渊瀑布、将军石木石苑、神奇之路等。宿济州或仁川。

第五天：仁川——成都。游览自由公园、月尾岛、麦克阿瑟纪念馆后飞回成都。

独立成团　价格请面议。(因组团人数不同，价格也有所不同。)

散客参团3800元/人。具体价格和行程请来电话联系咨询。

服务标准　国际往返机票、签证，城市间空调旅游车，正餐八菜一汤，三星级标准住宿，景点门票，全程优秀汉语导游，旅游保险30万/人。

网上直接预订　电子邮件预订　电话预订咨询：028-86130013 86128622

凡在本网上报名者，旅行社均免费接机或接站。

若遇台风等不可抗拒因素而造成的损失，本公司概不负责。

因旅游市场变化较快，线路报价以报名时的价格为准，行程以当地旅行社安排为准。

生　词

1. 宿	sù	(动)	lodge for the night
2. 面议	miànyì	(动)	to negotiate with sb. face to face
3. 行程	xíngchéng	(名)	itinerary
4. 正餐	zhèngcān	(名)	dinner
5. 接机	jiējī	(动)	meet sb. at the airport
6. 接站	jiēzhàn	(动)	meet sb. at the station
7. 台风	táifēng	(名)	typhoon
8. 抗拒	kàngjù	(动)	dispute
9. 概	gài	(副)	totally, without exception
10. 报价	bàojià	(动)	quote, quoted price

专有名词

1. 仁川	Rénchuān	Inchon in Korea
2. 济州	Jìzhōu	Jeju in Korea

简要回答

1. 韩国五日游的价格是确定的吗？会根据哪些情况有所变化？
2. 广告中说，旅游公司将对游客的哪些损失不负责任？

第19课

联合国发布2004年艾滋病报告

截至2003年底，艾滋病病毒的感染者有3780万，去年有290万人死于艾滋病。亚洲和东欧的新感染人数正在以惊人的速度增加。

［**法新社**伦敦7月6日电］联合国艾滋病规划署今天发表的一份报告说，2003年，全世界有480万人染上艾滋病病毒，这是感染人数最多的一年。

联合国艾滋病规划署说，2003年底，艾滋病病毒的感染者有3780万，去年有290万人死于艾滋病。自从1983年发现艾滋病以来，全世界已经有至少2000万人死于这种疾病。

联合国艾滋病规划署执行署长彼得·皮奥在伦敦举行的第四份艾滋病全球报告的发表仪式上说："艾滋病确实是全球性的一种疾病。"

联合国秘书长科菲·安南在这份长达230页的报告的前言中警告说："艾滋病对人类社会的威胁没有减弱的迹象。"他说："非洲的艾滋病危机继续恶化，亚洲和东欧的新感染人数在以惊人的速度增加。世界上没有任何一个地区能够幸免。"

这份报告是在7月11日至16日于曼谷举行国际艾滋病会议之前发表的。国际艾滋病会议是讨论全球艾滋病问题的最高论坛。预计将有两万名科学家、决策者和基层活动分子出席会议。

他说："毫无疑问，艾滋病是人类历史上最严重的流行病。"

这份报告说，尤其对非洲来说，艾滋病"仍是一场灾难"。

在全世界接近3800万的艾滋病病毒感染者和艾滋病感染者当中，有2500万居住在非洲撒哈拉以南地区。这个地区还有1200万因艾滋病失去单亲或双亲的儿童。

联合国艾滋病规划署说，按照目前的趋势，到2010年，这支孤儿大军将增加到1800万，造成严重的社会问题。

它强烈呼吁在东欧和亚洲采取行动，称这些地区是极其脆弱的地区。

至于如何防治艾滋病，联合国艾滋病规划署提出以下问题：

资金：虽然取得了很大进展，但是还需要作出更大的努力。1996年用于防治艾滋病的捐款为3亿美元，2002年增加到17亿美元，去年为47亿美元。据皮奥说，预计今年会有更多的捐款。

联合国艾滋病规划署说："这个数字还不到2005年所需数字的一半，只是2007年在中低收入国家对艾滋病采取全面措施所需费用的四分之一。"

药品价格：现在的好消息是，药品的价格已经大大下降。

加强治疗：当务之急是挽救贫困国家的500万至600万艾滋病患者。如果他们得不到合适的药品，就会在今后两年里死亡。现在能够获得这些药品的患者不到十分之一。(2004年7月8日《**参考消息**》第七版)

生 词

1. 病毒	bìngdú	(名)	virus
2. 感染	gǎnrǎn	(动)	infect, infection
3. 规划	guīhuà	(动、名)	programming, plan
4. 前言	qiányán	(名)	foreword, preface
5. 警告	jǐnggào	(动、名)	warn, warning
6. 减弱	jiǎnruò	(动)	weaken
7. 迹象	jìxiàng	(名)	evidence, sign
8. 幸免	xìngmiǎn	(动)	escape by sheer luck
9. 论坛	lùntán	(名)	forum
10. 预计	yùjì	(动)	estimate
11. 孤儿	gū'ér	(名)	orphan
12. 脆弱	cuìruò	(形)	weak, frail
13. 捐款	juānkuǎn	(动、名)	donations
14. 当务之急	dāng wù zhī jí		urgent affairs

专有名词

1. 联合国	Liánhéguó	U.N.
2. 伦敦	Lúndūn	London, England
3. 曼谷	Màngǔ	Bangkok, Thailand
4. 撒哈拉	Sāhālā	the Sahara

练 习

一、根据课文划线连接具有相同特点的词语

艾滋病病毒感染者	幸免
亚洲	非洲撒哈拉以南地区
减弱	艾滋病感染者
2500万	药品
资金	东欧

二、连句

1. A）课文中，联合国艾滋病规划署发表的一份报告说
   B）2003年
   C）全世界有480万人染上艾滋病病毒
   D）这是感染人数最多的一年
   正确的顺序是(　　　)
2. A）1983年
   B）全世界已经有至少2000万人死于这种疾病
   C）发现艾滋病以来
   D）自从
   正确的顺序是(　　　)
3. A）有2500万居住在非洲撒哈拉以南地区

B）接近3800万的艾滋病病毒感染者和艾滋病感染者当中

C）在全世界

D）这个地区还有1200万因艾滋病失去单亲或双亲的儿童

正确的顺序是(　　　)

4. A）2002年增加到17亿美元

B）去年为47亿美元

C）1996年用于防治艾滋病的捐款为3亿美元

D）据皮奥说，预计今年会有更多的捐款

正确的顺序是(　　　)

5. A）就会在今后两年里死亡

B）如果他们得不到合适的药品

C）是挽救贫困国家的500万至600万艾滋病患者

D）当务之急

正确的顺序是(　　　)

三、比较AB两句的意思是否相同

1. A）2003年，全世界有480万人染上艾滋病病毒，这是感染人数最多的一年。

B）2003年是全世界感染艾滋病病毒人数最多的一年，有480万人染上这种病毒。(　　)

2. A）非洲的艾滋病危机继续恶化，亚洲和东欧的新感染人数在以惊人的速度增加。世界上没有任何一个地区能够幸免。

B）非洲、亚洲和东欧的艾滋病危机继续恶化，世界上所有地区都会出现艾滋病危机。(　　)

3. A）在全世界接近3800万的艾滋病病毒感染者和艾滋病感染者当中，有2500万居住在非洲撒哈拉以南地区。这个地区还有1200万因艾滋病失去单亲或双亲的儿童。

B）在全世界接近3800万的艾滋病病毒感染者和艾滋病感染者当中，有2500万成年人和1200万儿童居住在非洲撒哈拉以南地区。(　　)

4. A）当务之急是挽救贫困国家的500万至600万艾滋病患者。如果他们得不到合适的药品，就会在今后两年里死亡。现在能够获得这种药品的患者不到十分之一。

B）现在最紧急的事情是挽救贫困国家的500万至600万艾滋病患者，他

们当中的不到十分之一的人，如果得不到合适的药品，就会在今后两年里死亡。　（　）

四、选择正确答案

1. 2003年，全世界有多少人染上艾滋病病毒？

1）3780万人

2）290万人

3）480万人

4）2000万人　（　）

2. 联合国艾滋病规划署执行署长彼得·皮奥和联合国秘书长科菲·安南对艾滋病问题的共同看法是：

1）艾滋病是一个全球性问题

2）艾滋病对人类社会的威胁没有减弱的迹象

3）非洲的艾滋病危机继续恶化

4）亚洲和东欧的新感染人数在以惊人的速度增加　（　）

3. 预计将有哪些人出席国际艾滋病会议这个全球艾滋病问题的最高论坛？请指出课文没有提到的部分

1）科学家

2）艾滋病患者

3）决策者

4）基层活动分子　（　）

4. 联合国艾滋病规划署说，按照目前的趋势，到2010年，这支孤儿大军将增加到1800万，造成严重的社会问题。这句话的意思是：

1）联合国艾滋病规划署说，按照目前的趋势，到2010年，将有1800万孤儿加入军队，造成严重的社会问题

2）联合国艾滋病规划署说，按照目前的趋势，到2010年，由孤儿组成的军队将增加到1800万人，造成严重的社会问题

3）联合国艾滋病规划署说，按照目前的趋势，到2010年，这些孤儿结婚生育以后，他们的孩子会达到1800万，造成严重的社会问题

4）联合国艾滋病规划署说，按照目前的趋势，到2010年，孤儿人数将增加到1800万，造成严重的社会问题　（　）

5. 对于如何防治艾滋病，联合国艾滋病规划署提出以下建议，请指出其中错误的一个：

1) 争取得到更多资金
2) 降低艾滋病药品价格
3) 加强对患者的治疗
4) 限制患者的活动范围 ( )

阅读(一)

国际艾滋病大会闭幕

[**美联社**曼谷7月16日电]科学家、领导人和活动分子今天结束了有史以来规模最大的艾滋病大会。他们强调了世界一些地区妇女艾滋病感染率急剧上升的问题，警告人们提防亚洲的病例可能剧增的危险。

会议期间,美国受到了强烈的批评。它把大部分资金用于强调禁欲,而不是使用安全套阻止艾滋病病毒的蔓延。

预防艾滋病的下一个重大突破——疫苗——仍未实现。许多专家呼吁近期内进行紧急研究,并提供更多经费,研究其他预防方法,保护妇女。

有关官员说:“男女不平等造成妇女的新感染病例上升。”据估计,全世界有3800万艾滋病病毒感染者,其中2500万在非洲撒哈拉以南地区。专家们说,艾滋病病毒感染者有将近一半是女性,在许多地区,她们的感染人数大大超过男性。例如,在加勒比地区,新的感染者有70%是女性。亚洲有720万感染者。许多专家说,对亚洲来说,卖淫是主要传播途径。他们警告说,如果不增加安全套的使用,艾滋病就可能爆发。

美国科学家安东尼·福西说,“亚洲是一个人口众多的地区,哪怕感染者百分比的小幅度上升,都是一个巨大的数字”。(2004年7月17日**《参考消息》**第七版)

生　词

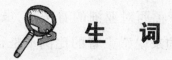

1. 急剧	jíjù	(形)	rapid
2. 提防	dīfang	(动)	watch out for
3. 剧增	jùzēng	(动)	leap，increase rapidly
4. 禁欲	jìnyù	(动)	abstinency
5. 安全套	ānquántào	(名)	condom
6. 蔓延	mànyán	(动)	spread，extend
7. 疫苗	yìmiáo	(名)	vaccine
8. 卖淫	màiyín	(动)	prostitute oneself, prostitution
9. 百分比	bǎifēnbǐ	(名)	percentage

专有名词

加勒比	Jiālèbǐ	the Caribbean

判断正误

1. 这篇课文介绍的是艾滋病大会的情况。(　　)

2. 美国在大会上受到强烈批评，原因是美国没有把大部分资金用在阻止艾滋病病毒的蔓延方面。(　　)

3. 科学家们仍然没有研究出治疗艾滋病的重要药品——疫苗。(　　)

4. 有关官员说："男女不平等造成妇女的新感染病例上升。"全世界艾滋病病毒感染者最多的是非洲撒哈拉以南地区，她们的感染人数大大超过男性。新的感染者有70%是女性。(　　)

5. 对亚洲来说,预防艾滋病的主要方法应该是更多地使用安全套。(   )

6. 美国科学家安东尼·福西对亚洲的看法是,虽然亚洲有一些感染者,但是由于亚洲人口很多,总的来说感染者的比例不是很高。亚洲的艾滋病问题不是很严重。(   )

阅读(二)

湖北省宣布七月开始实行艾滋病免费咨询检测

中新湖北网6月10日电 (**艾启平　胡晓云**) 湖北省防治艾滋病工作委员会办公室今天宣布,从七月一日起对艾滋病患者实行三项新政策,即对艾滋病及常见机会性感染实施免、减费药物治疗,对自愿检测者免费检测,对早孕妇女中检测出艾滋病病毒感染阳性者免费提供母婴阻断药物。

为了关怀艾滋病病人,延长病人的生命并提高生存质量,控制艾滋病流行和传播,湖北省制定并下发了《艾滋病及常见机会性感染免、减费药物治疗管理实施细则》,决定从七月一日起执行。(http://www.sina.com.cn 2004年06月10日17:59 **中国新闻网**)

生词

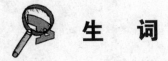

1. 孕	yùn	(动)	pregnant
2. 阳性	yángxìng	(名)	masculine
3. 阻断	zǔduàn	(动)	block, ubstruct
4. 延长	yáncháng	(动)	extend
5. 细则	xìzé	(名)	detailed rules

判断正误

1. 课文中提到的《艾滋病及常见机会性感染免、减费药物治疗管理实施细则》将从七月一日起执行。(　　)

2. 在湖北省，自愿检测艾滋病的人，只要交很少的费用，就可以作检测。(　　)

3. 感染艾滋病病毒的早孕妇女将得到免费的母婴阻断药物。(　　)

4. 课文中提到的《艾滋病及常见机会性感染免、减费药物治疗管理实施细则》是由中国政府制定的。(　　)

阅读(三)

中国加强处方药管理

本报讯　国家食品药品监督管理局昨天通报，到2005年12月31日前，处方药在零售药店将凭医师处方购买。对有资格销售处方药的药店，药品监督部门将发给处方药定点销售标志，没有通过相关检查的药店，不得销售处方药。

国家食品药品监管局目前已公布了4326个非处方药品种，初步对上市药品进行了处方药与非处方药的分类，并进行了非处方药说明书的修订和规范。(http://www.sina.com.cn 2004年07月09日09:31 北京青年报)

生　词

1. 处方	chǔfāng	(名)	prescription, recipe
2. 零售	língshòu	(动)	retail

3. 凭	píng	(介)	base on, depend on
4. 医师	yīshī	(名)	physician
5. 监督	jiāndū	(动)	supervise
6. 定点	dìngdiǎn	(名)	pointing
7. 相关	xiāngguān	(形)	interrelated
8. 初步	chūbù	(副)	preliminary
9. 上市	shàngshì	(动)	appear on the market
10. 修订	xiūdìng	(动)	edit, revise

专有名词

国家食品药品监督管理局　Guójiā Shípǐn Yàopǐn Jiāndū Guǎnlǐ Jú
State Food and Drug Administration

简要回答

1. 根据国家食品药品监督管理局的规定,购买处方药应该具备什么条件?
2. 哪些药店可以销售处方药?

第 20 课

中国积极应对水危机

当前,中国经济的持续发展正面临严重的水荒威胁。今年中国政府下令,让各地水利局全面上调水价,这可是新中国成立以来破天荒头一次。政府官员认为,这是一件关系到国家安全的大事。

上调水价

在中国诸多因经济增长而产生的环境问题中,水资源问题大概要算影响范围最广的一个了。政府面对的挑战是,一方面要稳步上调水价,这个价格要足以促使居民积极节约用水,并吸引外国公司涉足困境重重的水处理行业;另一方面,价格又不能大幅上涨,因为那样可能引起通货膨胀。

中国的供水系统长期以来都享受着政府的巨额补贴,企业和居民普遍缺乏节水意识。根据新的政府计划,中国各地水利局今年会普遍上调水价。北京市计划在两年内将水价升至每吨54美分左右,上调将近一倍。

中国水利部水资源司司长吴季松说,我们面前只有两条路,要么涨价并促使供水系统赢利;要么不涨价,对水荒视而不见。

实际上,中国严重缺水的地区远不止北京一处。水利部的数据显示,全国2/3的城市都供水不足。在历来干旱的北方地区,地下水位不断下降。

合理用水

涨价并非中国节约用水的惟一手段。逐步推广合理用水计划也是措施之一,这个项目已经在部分城市进行了试点。

《中国水危机》一书的作者马军说,如果不鼓励人们节水,减少水资源需求的话,南水北调这样浩大的工程也无法持久解决缺水问题。

中国的水资源浪费十分惊人,代价沉重。水利部的数据表明,城市供水系统的各处泄漏就使20%的水白白流掉了。这意味着中国每创造1200美元GDP所耗费的水资源高达全球平均水平的四倍！

引进外资

不少外国公司已开始涉足中国的水资源市场，试图从中寻找机会，但结果却不尽相同。表现最积极的是Veolia Water水务管理公司，它已经在中国各地的11个项目上投资了4亿欧元。Veolia Water Asia的项目财务主管特吕绍说，该公司在中国的业务拓展没遇到什么障碍。

但其他外国公司的经历则显示，刚刚起步的中国水务市场依然障碍重重。来自上海的消息说，现在水价这么低，外国公司的利润还不高。但情况会不断改善。

中国政府认识到，用水权是一种基本人权，水价是一个敏感问题，中国市场还不够成熟。吴季松说，只能逐步进行调整，国家仍将控制水价。

(http://www.sina.com.cn 2004年06月23日13:12 **青年参考**)

生　词

1. 水荒	shuǐhuāng	(名)	drought
2. 水利局	shuǐlìjú	(名)	water departmen
3. 上调	shàngtiáo	(动)	heighten, improve, increase
4. 破天荒	pòtiānhuāng		for the first time
5. 诸多	zhūduō	(形)	a good many
6. 涉足	shèzú	(动)	set foot in
7. 通货膨胀	tōnghuò péngzhàng		inflation
8. 补贴	bǔtiē	(名)	allowance
9. 赢利	yínglì	(动)	in the black, profit
10. 惟一	wéiyī	(形)	one and only
11. 浩大	hàodà	(形)	huge
12. 泄漏	xièlòu	(动)	blab, leak
13. 拓展	tuòzhǎn	(动)	carve out, broaden
14. 人权	rénquán	(名)	human rights

专有名词

1. 南水北调	Nán Shuǐ Běi Diào	South-to-North Water Diversion
2. GDP(国内生产总值)		Gross Domestic Product

练　习

一、根据课文划线连接具有相同特点的词语

水荒	泄漏
上调水价	头一次
破天荒	南水北调
国家安全	人权
促使	水利部
水利局	吸引
浪费	干旱

二、划线搭配动词和名词

面临	意识	引起	计划
涉足	威胁	推广	通货膨胀
享受	行业	寻找	水价
缺乏	补贴	控制	机会

三、比较AB两句的意思是否相同

1. A) 今年中国政府下令,让各地水利局全面上调水价,这可是新中国成立以来破天荒头一次。

   B) 从新中国成立以来,今年中国政府第一次下令各地水利局全面上调水价。（　　）

2. A) 在中国诸多因经济增长而产生的环境问题中,水资源问题大概要算影响范围最广的一个了。

B) 经济增长给中国带来了很多环境问题,其中,水资源问题是影响范围最大的问题。 (　　)

3. A) 政府面对的挑战是,一方面要稳步上调水价,这个价格要足以促使居民积极节约用水,并吸引外国公司涉足困境重重的水处理行业;另一方面,价格又不能大幅上涨,因为那样可能引起通货膨胀。

B) 政府面对的挑战是,既要稳步上调水价,使价格足以推动居民积极节约用水,并且吸引外国公司进入困难重重的水处理行业;又不能上涨得太多,以免引起通货膨胀。 (　　)

4. A) 中国水利部水资源司司长吴季松说,面前只有两条路,要么涨价并促使供水系统赢利,要么不涨价,对水荒视而不见。

B) 中国水利部水资源司司长吴季松说,现在有两种方法可以解决问题。一种是涨价,让供水系统赢利,另外一种是不涨价,最后大家会看见水荒的问题慢慢地、自然地解决。 (　　)

5. A) 不少外国公司已开始涉足中国的水资源市场,试图从中寻找机会,但结果却不尽相同。

B) 不少外国公司已开始进入中国的水资源市场,想从这个市场中寻找机会,但结果却完全不同。 (　　)

四、判断正误

1. 中国企业和居民普遍缺乏节水意识的原因之一是供水系统长期以来都享受着政府的巨额补贴。(　　)

2. 实际上,中国严重缺水的地区远不止北京一处。水利部的数据显示,全国2/3的城市地下水位不断下降。(　　)

3. 中国节约用水的方法不止一种,除了涨价,还有逐步推广合理用水计划。(　　)

4.《中国水危机》一书的作者马军说,应该鼓励人们节水,减少水资源需求,但是从长远来看,要解决缺水问题,还是要依靠南水北调这样浩大的工程。(　　)

5. 表现最积极的是Veolia Water水务管理公司,它已经在中国各地的11个项目上投资了4亿欧元。Veolia Water Asia的项目财务主管特吕绍说,该公司在中国的发展很顺利。(　　)

6. 但是从其他外国公司的经历来看，中国的水务市场还不成熟，困难很多。从上海的情况来看，现在水价很低，外国公司的利润也不高，但情况会越来越好。（　）

7. 吴季松说，中国将一步一步地调整水价和水务市场，但是在这个过程中，国家仍然会控制水价。（　）

快速阅读

南水北调主体工程获488亿元贷款

本报北京6月15日讯　记者**富子梅**报道：根据协议，以国家开发银行为首的国内9家金融机构将为南水北调主体工程提供总额达488亿元(不含东线治污贷款70亿元)的贷款。

南水北调工程是我国一项跨世纪的重大工程，东、中线一期工程总投资达1240亿元。由于资金需求量巨大，除财政拨款和南水北调工程基金外，还需要银行提供的资金支持。(http://www.sina.com.cn 2004年06月16日05:40 **人民网—人民日报**)

阅读（一）

北京节水刻不容缓

新华网北京7月4日电（记者**张旭　李文**）虽然北京市民已习惯了打开水龙头就有自来水的生活，但在距离北京市中心100多公里的密云水库，当地的农民尹宗民却没有这么乐观。

"6年前我站的地方都是水,但这几年却大概下降了20多米。"尹宗民站在已经干涸的湖床边说。密云水库是1958年中国修建的几个大型水库之一,库区总面积188平方公里,是北京水资源多少的"晴雨表"。据了解,密云水库最初设计的容量是43.75亿立方米,然而现在的水量仅为7.1亿立方米,其中有6亿多是死库容,根本无法放出水来。新中国成立以来,北京分别在20世纪60年代中期、70年代和80年代初期经历过三次供水危机。目前,北京人均可利用淡水资源仅为300立方米,是全国人均的1/8、世界人均的1/30,不仅达不到3000立方米/人的一般缺水标准,甚至大大低于1000立方米/人的严重缺水标准。(http://www.sina.com.cn 2004年07月04日09:20 **新华网**)

生　词

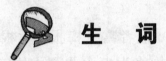

1. 水龙头	shuǐlóngtóu	(名)	faucet, tap
2. 自来水	zìláishuǐ	(名)	tap water
3. 水库	shuǐkù	(名)	reservoir
4. 干涸	gānhé	(动)	dry up, run dry
5. 湖床	húchuáng	(名)	lakebed
6. 容量	róngliàng	(名)	capability

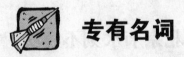

专有名词

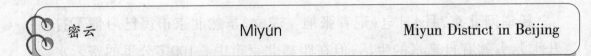

密云	Mìyún	Miyun District in Beijing

判断正误

1. 虽然北京市民尹宗民已习惯打开水龙头就有自来水的生活，但在距离北京市中心100多公里的密云水库，当地的农民却没有这么乐观。（　　）

2. 密云水库的水位在20年时间里下降了6米多。（　　）

3. 密云水库是北京水资源多少的“晴雨表”，意思是，从密云水库的情况可以看出北京水资源的多少。（　　）

4. 据了解，密云水库最初设计的容量是43.75亿立方米，然而现在可以利用的水量仅为1亿立方米左右。（　　）

5. 北京分别在20世纪60年代中期、70年代和80年代初期发生过三次供水不足的情况。（　　）

6. 北京平均每个人可以利用的淡水资源只有300立方米，远远低于全国平均水平和世界平均水平，属于严重缺水城市。（　　）

阅读（二）

北京居民水价每吨拟增0.5元

本报讯（记者　**郭晓军**）今天上午，北京市将就自来水销售价格与污水处理价格的调整举行了听证会。

听证会一般由20名代表组成，不过，此次听证会增加了10名洗浴、洗车以及纯净水行业的代表。

在今天的听证会上，北京市自来水集团和城市排水集团将分别提交价格调整方案。自来水平均价格每吨拟增0.73元。

根据自来水集团提交的方案，建议自来水平均水价将从原先的每立方米3.01元升至3.84元。其中，居民水价拟从每立方米2.30元调整为2.80元；宾馆、饭店、餐饮业用水每立方米从4.20元调整为4.60元；洗车业、生产纯净水企业用水由每立方米20元调整为60元。方案称，居民用水量是自来水集团售水量中比重最大的部分，占到44.53%，而且以每年3%的速度在逐年递增,如果2004年居民售水量保持2003年比例不变,自来水集团全年将亏损1.8亿元。

在今天的听证会上,北京市城市排水集团也将提出调整污水处理价格的申请,拟将居民生活污水处理价格标准从原来的每立方米0.6元调整为0.9元。根据该集团的测算,调价之后居民每人每年增加支出32元。

根据北京市政府的规定,如果听证会代表多数不同意定价方案或对定价方案有较大分歧时,必要时由政府价格主管部门再次组织听证,直到方案满足大多数代表的意见为止。(http://www.sina.com.cn 2004年06月03日04:32 新京报)

生 词

1. 污水	wūshuǐ	(名)	sewage
2. 听证会	tīngzhènghuì	(名)	public hearing
3. 洗浴	xǐyù	(动)	bathe
4. 纯净水	chúnjìngshuǐ	(名)	pured water
5. 排水	páishuǐ	(动)	drain, drainage
6. 亏损	kuīsǔn	(动)	shortfall
7. 测算	cèsuàn	(动)	calculation
8. 支出	zhīchū	(名)	payout
9. 分歧	fēnqí	(名)	branching, difference
10. 主管	zhǔguǎn	(名)	be in charge of
11. 部门	bùmén	(名)	branch, department

选择正确答案:

1. 今天上午,北京市将就哪些问题举行听证会?

   1) 调整自来水销售价格问题

2）调整污水处理价格问题

3）包括1）和2）

4）以上答案均不正确　　（　　）

2. 听证会一般由20名代表组成，此次听证会增加了哪些行业的代表？请指出课文中没有提到的部分：

1）洗浴行业

2）洗车行业

3）纯净水行业

4）学生　　（　　）

3. 根据自来水集团提交的方案，以下哪一类用水的价格提高最多？

1）洗车业、生产纯净水企业用水

2）宾馆、饭店、餐饮业用水

3）居民用水

4）以上各类的提高幅度一样　　（　　）

4. 在自来水集团卖出的水中，卖给以下哪个部分的比例最大？

1）洗车业、生产纯净水企业用水

2）宾馆、饭店、餐饮业用水

3）居民用水

4）卖给以上各个部分的比例一样　　（　　）

5. 根据北京市政府的规定，如果听证会代表多数不同意定价方案或者对定价方案的看法有比较大的分歧时，怎样处理？

1）由北京市自来水集团和城市排水集团重新提出定价方案

2）必要时由政府价格主管部门再次组织听证

3）取消提高价格的方案

4）由更高一级的政府决定　　（　　）

阅读(三)

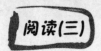

京杭大运河将申报世界文化遗产

中新社杭州七月五日电 (记者　**童栎丞**)京杭大运河北起北京,南到杭州,流经北京、河北、天津、山东、江苏和浙江六省市,全长一千七百九十四公里,比苏伊士运河长十倍,比巴拿马运河长二十倍,是世界上开凿最早,也是最长的一条人工河。

京杭大运河和长城一样,也是中华文明的象征。

据悉,目前,浙江、江苏、山东等地已对大运河沿岸文物古迹和沿线文物埋藏区进行全面的调查与勘探，对其中一部分已制定和实施保护方案，部分地段正配合南水北调工程进行必要的抢救性考古发掘工作。(http://www.sina.com.cn 2004年07月06日07:48 **中国新闻网**)

生　词

1. 遗产	yíchǎn	(名)	heritage, legacy
2. 开凿	kāizáo	(动)	canalization, cut a canal
3. 人工	réngōng	(形)	man-made
4. 沿岸	yán'àn	(名)	along the line
5. 文物	wénwù	(名)	cultural relic
6. 古迹	gǔjì	(名)	historic site
7. 埋藏	máicáng	(动)	embedding, bury
8. 抢救	qiǎngjiù	(动)	salvage, save
9. 考古	kǎogǔ	(名)	archaeology, archeology
10. 发掘	fājué	(动)	dig, excavate

专有名词

1. 京杭大运河	Jīng-Háng Dàyùnhé	
	Jinghang Grand Canal, Grand Canal of China	
2. 苏伊士运河	Sūyīshì Yùnhé	Suez Canal
3. 巴拿马运河	Bānámǎ Yùnhé	Panama Canal

简要回答

1. 请简要介绍京杭大运河的情况，为什么说它是中华文明的象征？
2. 目前大运河沿岸各省做了哪些调查与勘探工作？

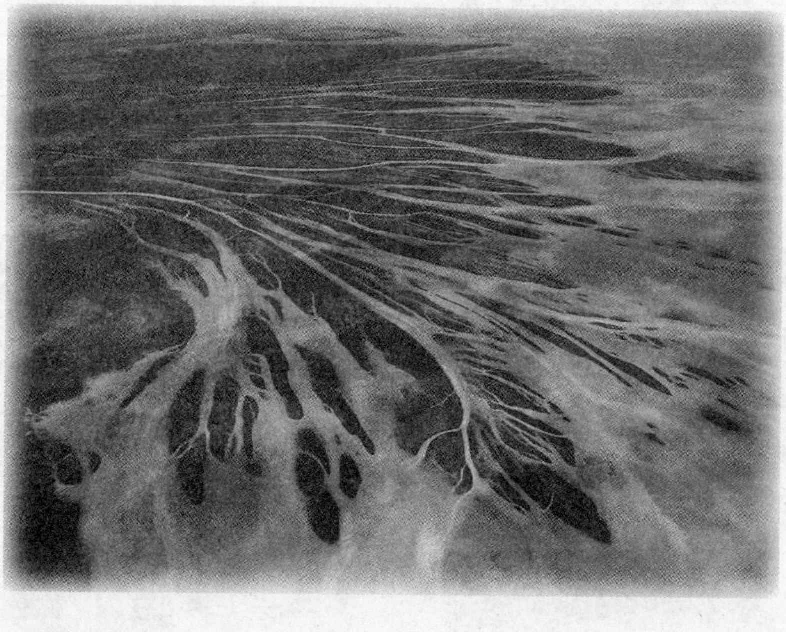

第21课

“德国村”的试验

为了生活得更好，农民是应该进入城市，还是应该留乡村？中国和德国在山东省南张楼村合作进行的试验，试图找出答案。

下午4点半，农民袁可贵准时从村子里的机械厂下班。回到家，他往沙发上一坐，读起了当天的报纸。妻子张云珍还守在自家的美容美发店里，虽然来理发的人不多，但她也不想到地里去，“我家总共三亩地，不需要经常去。”

这是一个普通农户家的生活写照。目前，这个村子里的大多数村民都过上了“上班进厂，下班种田”的生活。

6月25日，记者走进南张楼村。

南张楼村明显区别于周围其他村子。一进村口，是划分清晰的四大区域：工业区依次排列着100多家小工厂；农业区里，大多数村民的地都连在一起，完全是机械化耕种；住宅区里，家家都是设施齐全的住房，还有一排豪华的欧式小楼；休闲区有一个文化广场，每天晚上都有村民来跳舞。此外，村子里还有自己的幼儿园、中小学校、文化中心甚至民俗博物馆。

南张楼村在1988年成为试验区以前，被德国人看中的就是它的“六无”：一不靠城、二不靠海、三不靠大企业、四不靠交通要道、五没有矿产资源、六是人多地少。在德国人看来，南张楼村更符合他们心目中的典型中国北方农村的形象。

德国人选择南张楼村的目的是为了完成一个试验：如果一个普通村子的基础设施建设得很完善，生活条件也得到很大改善，那农民是不是会放弃涌进城市的想法，安心留在农村呢？

德国人说，在这个问题上，德国已经走了弯路，希望中国不要再走。项目经理袁祥生补充说："做这个试验，德国人不要求任何回报。"

很多人至今记得1990年划分区域的情景。当时一些村民很不习惯，有人嫌道路规划砍了自家的树，有人嫌公共用地挤占了自家的院子。可现在，越来越多的人体会到功能分区的好处：生活区安静，没有污染；教学区独立，不受干扰；工厂区则是水、电、路齐全。当时德方规划中还有一个很大的停车场，村里人认为建个停车场实在浪费，坚持拿掉了。袁祥生说，现在看来这是一个失误，还是德国专家看得远，现在停车场是非建不可了。

"土地整理项目让南张楼村的人打开眼界、见了世面，让我们更多地尝到了改革开放的甜头。"(本报记者 **张洪波 刘炳文**) (http://www.sina.com.cn 2004年06月30日07:12 **齐鲁晚报**)

生 词

1. 机械厂	jīxièchǎng	(名)	machine shop
2. 民俗	mínsú	(名)	folk-custom
3. 要道	yàodào	(名)	thouroughfare, main road
4. 涌进	yǒngjìn	(动)	flood
5. 弯路	wānlù	(名)	crooked road, tortuous path
6. 回报	huíbào	(动、名)	repay, reciprocate
7. 嫌	xián	(动)	mind, dislike
8. 眼界	yǎnjiè	(名)	outlook, field of view
9. 世面	shìmiàn	(名)	various aspects of society, world

练 习

一、根据课文划线连接具有相同特点的词语

南张楼村	美容美发店
机械厂	典型中国北方农村
住宅区	生活条件
基础设施	留在农村
涌进城市	世面
眼界	休闲区

二、用下列动词组成动宾短语

例如：找出，

找出答案、找出原因

划分______	选择______
排列______	完成______
成为______	放弃______
看中______	体会______

三、选择划线词语的正确解释

1. 这是一个普通农户家的生活写照。

1）画面

2）照片

3）记录

4）历史 （ ）

2. 被德国人看中的就是它的“六无”：一不靠城、二不靠海、三不靠大企业、四不靠交通要道、五没有矿产资源、六是人多地少。

1）大家都熟悉的道路

2）最重要的道路

3）惟一的道路

4）铁路 （ ）

3. 在这个问题上，德国已经走了弯路，希望中国不要再走。

1）相信了错误的理论

2）浪费了时间

3）做了错误的事情

4）和多数人的距离越来越远 （ ）

4. 项目经理袁祥生补充说："做这个试验，德国人不要求任何回报。"

1）责任

2）压力

3）记录

4）报酬 （ ）

5. 当时德方规划中还有一个很大的停车场，村里人认为建个停车场实在浪费，坚持拿掉了。

1）取消

2）缩小

3）改变地点

4）重新设计 （ ）

6. 袁祥生说，现在看来这是一个失误，还是德国专家看得远。

1）更了解情况

2）有长远眼光

3）有耐心

4）有能力解决复杂问题 （ ）

7. 让我们更多地尝到了改革开放的甜头。

1）感觉

2）力量

3）味道

4）好处 （ ）

四、选择正确答案

1. 中国和德国在山东省南张楼村合作进行的试验，是为了找出哪种方法可以让农民生活得更好，是进入城市还是留在乡村。（ ）

2. 南张楼村划分清晰的四大区域是：工业区、农业区、住宅区和文化广场。（ ）

3. 在德国人看来，典型的中国北方农村是自然条件、交通条件和人口条件

比较好的，而南张楼村比较落后，需要帮助，这是他们选择南张楼村进行试验的原因。（ ）

4. 试验刚刚开始的时候，并不是所有的农民都支持。（ ）

快速阅读

我国城乡差距比较大

据统计，城市居民的收入和农村人均收入之比是3.1∶1，这是2002年的数字。实际差距比这个还要大。另外，地区发展也不平衡，东部沿海地区经济发达地区农民人均收入和西部贫困的省份相比较，大约是4∶1。我国政府已经认识到这个问题，加大了对农业农村的重视，农民的生产、生活条件有了很大改善。（**新华网** 2003-03-10）

阅读（一）

我国城乡差距正在进一步扩大

华龙网讯　改革开放初期，通过农村改革，城乡收入差距有所缩小，1978年城乡收入之比为2.6:1，1985年降到了1.9:1。但以后情况逆转，1994年城乡收入差距扩大到了2.9:1。从1995年到2002年，在经过一小段起伏后，城乡收入的差距进一步扩大到3.1:1。今年的统计数字还没有出来，普遍的看法是可能会扩大到3.3:1，也有人分析是3.5:1。

而世界上大多数国家的城乡收入比是1.5:1，不仅发达国家，很多发展中国家的城乡收入也处在这样一个水平上。

收入差距带来了农村在教育、文化、卫生、科技、生活质量等方方面面的巨大差距。

从城乡家庭拥有的耐用消费品数量上，就可以看出这个差距。举例来说，在农村，每百户拥有彩电60台，而城镇居民是126台；电冰箱农村拥有量是每百户15台，城镇是88台；洗衣机农村是32台，城镇是93台；移动电话农村是13.7部，城镇是63部；照相机和空调机的差距更大，照相机的城镇拥有量是农村的13.5倍，空调机的城镇拥有量是农村的22倍。

生 词

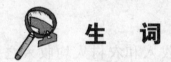

1. 逆转	nìzhuǎn	（动）	reverse，a reversal
2. 起伏	qǐfú	（动）	rise and fall
3. 耐用	nàiyòng	（形）	durable

选择正确答案

1. 中国城乡收入差距有所缩小的时期是：
   1）改革开放初期
   2）1994年
   3）从1995年到2002年
   4）今年 （ ）
2. 从课文中看，中国城乡收入差距开始扩大的时间是：
   1）1978年
   2）1985年
   3）1994年
   4）1995年到2002年 （ ）
3. 中国最接近世界上大多数国家的城乡收入比的时期是：
   1）1978年
   2）1985年

3）1994年

4）1995年到2002年 （ ）

4. 收入差距带来了农村在哪些方面的巨大差距？

1）教育、文化

2）卫生、科技

3）生活质量

4）以上各个方面 （ ）

5. 从城乡家庭拥有的耐用消费品数量上，可以看出差距。其中差距最大的是：

1）彩电拥有量

2）移动电话拥有量

3）空调机拥有量

4）课文中没有说明 （ ）

阅读（二）

中国实际城乡差距巨大

中国社会科学院的一份调查报告显示： 城乡居民公共卫生资源分布差异很大。

农村人口占全国人口的近70%，而公共卫生资源不足全国总量的30%。农村每千人口平均拥有不到1张病床，而城市的平均数字约为3.5张；农村每千人口，只拥有1名卫生技术人员，城市则在5名以上；农村人口医疗保险覆盖率只有9.58%，城市则为42.09%。截至目前，农村还有近1亿人口得不到及时的医疗服务，近20%的县未达到2000年人人享有初级卫生保健的基本标准，4亿多农村人口尚未饮用上自来水，近8%的农村婴幼儿没有享受免疫接种。（文章来源：**经济参考报**2004-06-16）

生 词

1. 病床	bìngchuáng	(名)	sickbed
2. 保险	bǎoxiǎn	(名)	insurance
3. 覆盖	fùgài	(动)	cover with
4. 保健	bǎojiàn	(动、名)	health care
5. 免疫	miǎnyì	(动)	immunity
6. 接种	jiēzhòng	(动)	inoculate, inoculation

专有名词

中国社会科学院	Zhōngguó Shèhuì Kēxuéyuàn Chinese Academy of Social Sciences

判断正误

1. 中国社会科学院的调查报告是关于城市居民公共卫生资源分布情况的。(　　)

2. 中国30%左右的城市人口占有70%左右的公共卫生资源。(　　)

3. 和每千人口拥有的卫生技术人员相比,城乡在每千人口拥有的病床数量方面差距更大。(　　)

4. 中国希望2000年人人享有初级卫生保健,但是20%的县没有实现。(　　)

阅读(三)

南京采取措施缩小城乡差距

本报南京6月24日电 (记者 **郁进东**) 南京市将从7月1日起实行新的《南京市户籍准入登记暂行办法》,城乡户口统称居民户口,农业户口将成为历史。

《办法》规定,7月1日起,本科学历以上的毕业生在南京可先落户后就业。大专院校毕业生在南京工作累计满两年,依法参加社会保障,允许其本人在合法固定住所或直系亲属处落户。

改革后的户籍制度,允许部分投资者连同家属在南京落户。个人在该市投资100万元以上,在市区有合法固定住所的,允许其本人、配偶、未成年或未婚子女来南京落户。(http://finance.sina.com.cn 2004年06月25日 07:53 **中国青年报**)

生 词

1. 准入	zhǔnrù	(动)	admittance
2. 登记	dēngjì	(动)	register
3. 暂行	zànxíng	(动)	temporary
4. 本科	běnkē	(名)	regular undergraduate course
5. 学历	xuélì	(名)	CV, curriculum vitae, resume
6. 落户	luòhù	(动)	settle down
7. 社会保障	shèhuì bǎozhàng		social security
8. 直系亲属	zhíxì qīnshǔ		a direct relative

简要回答

1. 新的《南京市户籍准入登记暂行办法》有哪些新规定？
2. 本科学历以上的毕业生和大专院校毕业生在南京落户需要哪些条件？

第22课

复旦大学的志愿者们

“我报名去西部。”复旦大学毕业生陈燕俪语气平静。6月13日一早，也就是复旦大学在校园公开招募的第一天，陈燕俪在全校第一个报名。此前,她刚刚在上海市“防治非典热线”岗位上奋战了两个星期。

在陈燕俪的带动下，更多的复旦应届毕业生作出了到西部去的选择。

就在陈燕俪递交报名表的3天前,即6月10日下午,宁夏回族自治区西吉县王民中学简陋的会议室里外,围着几十位回族乡亲,他们说:“钱老师要走了……真舍不得钱校长走啊……”

这位钱老师、钱校长,就是钱捷。钱捷一年前到贫困县西吉支教,被任命为王民中学副校长。这一年,钱捷执教的高一年级3个班的学生从背不全26个英文字母到如今全部通过了固原市英语水平考试;从曾问互联网是打鱼的还是捕鸟的,到如今已学会了浏览网站和收发电子邮件……

当天下午,钱捷要离开西吉的消息不胫而走,乡亲们提着家里的土产、孩子们带着亲手做的刺绣堵在了校门口……看到这个场面,钱捷哽咽了。

钱捷在欢送会上握住王民中学王校长的手说:“这次回复旦继续念研究生,等学成毕业后,我还回西部来……”

西海固是宁夏西吉、海原、固原的简称,由于这里曾经被联合国评定为不适合人类生存的地区,因此西海固也是贫困的代名词。复旦大学赴宁夏西吉县研究生支教团,从1998年以来,已经有四批总计39名支教队员实施了支教计划,目前第五批9名支教队员已经选拔完毕。

大学生志愿者用他们的青春和知识,不仅缓解了当地教师不足的困难,也为当地教育事业的发展注入了新的生机与活力。当地统计的数据表明,三合中学在复旦学生支教当年,高中升学率首次打破零的记录以后,次年又有7名学生考上大中专院校,至2001年被大中专院校录取学生有76名之多,为当地创造了奇迹;新营中学在支教项目帮助下,初中生英语成绩年均增长15分。

在强烈的现代文明冲击下,西海固许多老师有了危机感。西吉县三合中学的79名老师,不论男女老少,都与支教老师交流,提高教学水平。在志愿者的影响下,2001年,西吉王民乡中学的语文老师马成功,筹借了7000多元买了一台清华同方电脑,成为当地第一个有电脑的人。

(记者 **袁梦德 林蔚**) (摘自: **中国青年报**)

生 词

1. 志愿者	zhìyuànzhě	(名)	volunteer
2. 招募	zhāomù	(动)	recruit
3. 奋战	fènzhàn	(动)	fight bravely
4. 应届毕业生	yìngjiè bìyèshēng		this year's graduates
5. 支教	zhī jiào		support of educational activities
6. 执教	zhíjiào	(动)	teach
7. 打鱼	dǎ yú		to fish
8. 捕鸟	bǔ niǎo		fowling, catch birds
9. 不胫而走	bú jìng ér zǒu		spread like wildfire
10. 土产	tǔchǎn	(名)	local production
11. 刺绣	cìxiù	(名)	needlework, embroidery
12. 哽咽	gěngyè	(动)	choke with sobs
13. 缓解	huǎnjiě	(动)	relax, ease up
14. 升学率	shēngxué lǜ		percentage of students entering a higher level

专有名词

1. 宁夏回族自治区	Nínxià Huízú Zìzhìqū	Ningxia Hui Minority Autonomous Region
2. 西吉县	Xījí Xiàn	Xiji County in Ningxia
3. 海原	Hǎiyuán	Haiyuan in Ningxia
4. 固原	Gùyuán	Guyuan in Ningxia

练　习

一、根据课文划线连接具有相同特点的词语

报名	钱捷
陈燕俪	选拔
防治非典热线	贫困
西海固	初中生英语成绩
高中升学率	复旦大学赴宁夏西吉县研究生支教团
现代文明	清华同方电脑
语文老师马成功	危机感

二、划线搭配动词和名词

招募	报名表	实施	活力
递交	考试	注入	计划
通过	困难	打破	学生
缓解	志愿者	录取	记录

三、判断对划线词语的解释是否正确

1. 此前，她刚刚在上海市“防治非典热线”岗位上奋战了两个星期。

   比喻努力工作（　　）

2. 当天下午,钱捷要离开西吉的消息不胫而走。

比喻大家不愿意,但是还是发生了(　　)

3. 从1998年以来,已经有四批总计39名支教队员实施了支教计划。

支持、支援教育的简称(　　)

4. 大学生志愿者为当地教育事业的发展注入了新的生机与活力。

生活能力和体育运动的能力(　　)

四、判断正误

1. 复旦大学毕业生陈燕俪是复旦大学历史上第一个去西部支教的学生。(　　)

2. 钱捷在贫困县西吉支教一年,他的学生在英语和网络知识方面进步很大。(　　)

3. 联合国认为西海固是不适合人类生存的地区。(　　)

4. 复旦大学赴宁夏西吉县研究生支教团的工作是从1998年开始的。在1998年,共有39名同学参加了支教工作。(　　)

5. 大学生志愿者的工作缓解了当地教师不足的困难,为当地教育事业的发展注入了新的生机与活力,也给西海固的许多老师带来了危机感。(　　)

快速阅读

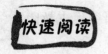

芜湖青年志愿者开展“金晖行动”

3月2日,由共青团芜湖市委等单位发起的青年志愿者为老人服务“金晖行动”在该市团结一村小区正式启动,首批20多位老人获得青年志愿者赠送的结对服务卡。为做好这项工作,该市将在老年人活动场所普遍建立志愿者服务基地,为老年人提供日常生活料理、医疗保健、法律援助、文化娱乐、资料整理、精神慰藉等服务。(摘自:**安徽在线—安徽日报**)

阅读(一)

台湾的"志工"

林太太是位普通的台湾妇女,退休以后,在台北一家医院的服务台当"志工",职责是给前来就医的患者指点方向。虽然林太太的家离医院很远,但是,几年来,除了节假日之外,她每天带着午饭,坐公共汽车到医院上班,风雨无阻。

所谓"志工",其实就是"志愿者",英语叫做"volunteer"。参观台北的"故宫博物院",人们为那里收藏的中华文化瑰宝所倾倒的同时,也会惊异于那里活跃着如此庞大的"志工"队伍,共有800多位社会人士,他们当中有六七十岁的老人,有十六七岁的高中生;有大学教授,有家庭主妇;有中国人,有外国人。虽然大都是"义务讲解员",但是他们讲解时的认真态度,仿佛专业学者在讲历史课。

在台湾,社会对"志工"有一定的激励机制,而"志工"的招募、培训、管理也是有组织、有秩序的。在台湾的中学里,社会服务是必修课程,像台北市的学生每学期至少要做8小时"志工",如病房陪伴、导游解说、回收垃圾等。

"与其诅咒黑暗,不如亲手点亮一盏明灯。"一句朴素的话语,激发了无数的人们。如今,越来越多的人加入"志工"队伍,关心他人,回报社会。(记者 吴亚明)

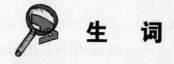

生 词

1. 就医	jiùyī	(动)	hospitalize, seek medical advice
2. 指点	zhǐdiǎn	(动)	give directions

3. 倾倒	qīngdǎo	(动)	admire greatly, be enamoured of
4. 惊异	jīngyì	(动)	surprised
5. 家庭主妇	jiātíng zhǔfù		housewife, housewives
6. 学者	xuézhě	(名)	scholar
7. 激励	jīlì	(动)	stimulant
8. 必修课程	bìxiū kèchéng		required course
9. 诅咒	zǔzhòu	(动、名)	curse
10. 点	diǎn	(动)	lighten

专有名词

台北	Táiběi	Chinese Taipei

判断正误

1. 从课文来看,在医院工作的“志工”林太太还很年轻,几乎每天都去医院工作。( )

2. 总共有800多位志愿者在台北的“故宫博物院”工作,没有什么报酬。( )

3. 在台湾的中学里,学生可以根据兴趣选择社会服务,并且可以得到每学期8个小时的义务工作机会。( )

4. “与其诅咒黑暗,不如亲手点亮一盏明灯。”在这篇课文中的意思是,和批评这个社会相比,我们更应该做的,是用自己的努力去改善社会。( )

阅读(二)

日本志愿者接力三年完成中日友好林

新华网沈阳4月15日电(**夏海龙　杜振明**)今天上午，第三批213名日本北海道植树志愿者自费来到辽宁省阜新市，与当地600多名志愿者、中学生和社会各界人士一起，义务植树2500株。至此，历时三年的中日两国人民友好林营造计划全部完成。

据介绍，1998年国家主席江泽民访日期间，日本北海道知事堀(jué)达也向江主席提出在中国营造中日友好林的愿望，得到了江主席的赞许。双方商定：中日友好林营造地点确定在阜新市，从2000年开始，为期3年，由日本北海道提供树种，中日双方义务种植7500株树苗，绿化土地3公顷。

2000年，首批145名日本北海道友好人士自费来到中国，将6个品种2500株象征中日友好的树苗，种植在阜新市。去年，第二批194 名日本北海道植树志愿者又来到当地，种植了6个品种的2500株树苗。今年，日本志愿者再次带来了8个新品种的树苗。

在植树现场，记者看到中日双方义务植树者合作愉快，气氛热烈。作为中日友好林建设的首倡者、日本北海道知事崛达也先生亲自参加了这次植树活动。

生　词

1. 接力	jiēlì	（动）	relay
2. 营造	yíngzào	（动）	build
3. 知事	zhīshì	（名）	governor
4. 树种	shùzhǒng	（名）	species of tree
5. 树苗	shùmiáo	（名）	seedling
6. 公顷	gōngqǐng	（量）	hectare
7. 首倡	shǒuchàng	（动）	initiate，start

专有名词

1. 北海道	Běihǎidào	Hokkaido, Japan
2. 阜新市	Fùxīn Shì	Fuxin City in Liaoning Province

判断正误

1. 今天上午,日本植树志愿者来到辽宁省阜新市,与当地社会各界人士一起营造中日两国人民友好林。这是他们第三次也是最后一次参加中日两国人民友好林营造工程。( )

2. 中日两国人民友好林营造计划是由中国前国家主席江泽民提出的。( )

3. 按照营造计划,中日双方将共同提供树种,共同种植树苗。( )

4. 今天,北海道知事崛达也先生在日本向这次植树活动表示了祝贺。( )

阅读(三)

希望工程启动"助学进城计划"

中国青少年发展基金会1月13日宣布:专门资助进城农民工子女读书的"希望工程助学进城计划"正式实施,今天启动的"希望工程农民工子女助学基金",将资助5万名家庭经济困难的农民工子女读书。

有数据显示,随着中国农村剩余劳动力的转移,流动人口规模已超过1亿,而流动少年儿童就有近2000万。其中,近20%的流动少年儿童无法进入公立学校学习;6周岁流动儿童未入学的比例高达46.9%;已入学的流动少年儿童中,有不少因家庭贫困难以继续学习。因此,"希望工程助学进城计划"的正式实施,不仅体现了其帮助政府实现教育公平的一贯宗旨,也标志着希望工程正在向纵深方向发展。

生　词

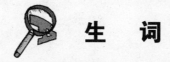

1. 资助	zīzhù	（动）	subsidize, assist financially
2. 剩余劳动力	shèngyú láodònglì		surplus labour force
3. 公立	gōnglì	（形）	public
4. 宗旨	zōngzhǐ	（名）	purpose, aim
5. 纵深	zòngshēn	（形）	depth

专有名词

希望工程	Xīwàng Gōngchéng	Project Hope

简要回答

1. “希望工程助学进城计划”的资助对象是哪些人？

2. 目前有多少流动少年儿童无法进入公立学校学习？

3. 为什么说“希望工程助学进城计划”的正式实施标志着希望工程正在向纵深方向发展？

第23课

远忧近虑困扰中国石油

随着国内油价的再一次提升，石油供给问题又一次成为各方关注的焦点。中国自从1993年成为石油进口国，10多年来，石油供给持续紧张。

去年国际市场上的原油价格为每桶28美元，今年上半年以来，油价一路高涨，眼看就要超过50美元。尽管如此，专家大多预测今年的平均油价可能为每桶38美元，比去年上涨10美元。今年我国进口原油可能达到1.2亿吨，折合8.8亿桶。为购买原油，中国可能要多支付88亿美元。

不但要多支付外汇，油价的高涨对中国经济还将造成其他负面影响。据测算，高油价将拖累全国GDP下降0.7至0.8个百分点。而且，由于石油涉及行业广泛，并直接影响普通消费者，油价高涨还将产生广泛的间接影响。

近期的负面影响巨大，远期的隐忧更是不容忽视。在对2020年中国的石油需求进行分析时，国内不同的机构提出了4个数据，分别为：3.6亿吨、3.9亿吨、4亿吨、4.3亿吨。与此同时，根据国际能源组织的预测和国内的判断，2020年中国原油年产量最多只能达到2亿吨的规模。以此计算，到2020年，中国的原油进口最多将达到2.3亿吨，对外依存度接近60%。

在对外依存度持续上涨的同时，中国的石油供给还存在另外两个不容忽视的因素。其一是中国购买的原油，由中国船队运送的只占10%，这种局面短期内难以改变。

其二是原油运输线路漫长，且大部分经过咽喉要道马六甲海峡，安全问题令人担忧。从中国大陆沿海开始，经过台湾海峡、南中国海、马六甲海峡、印度洋、阿拉伯海，这一条线路是中国的海上生命线。目前我国经过马六甲海峡运送的石油数量约占我国石油进口总量的70%以上，每天通过马六甲海峡的船只，近60%是为中国运送货物。众多的运输船只，拥挤在狭窄的马六甲海峡。如何与周围国家合作，保证海上交通线的安全，值得关注。

其实，除了中国以外，世界各国也在关心石油问题。全世界的石油到底还能开采多少年呢？这个问题暂时没有准确答案。今年7月份，英国石油公司的首席经济学家达维斯在谈到石油工业的最新统计时宣布，世界上已经探明的石油储备还可以开采41年。

另外，2003年天然气的储备比上一年度增加了13%，可以开采67年；煤炭的储备还可以开采数百年。

尽管如此，包括石油在内的能源，总有枯竭的一天，这不但是对我们，也是对我们的后代，对全人类提出的巨大挑战。(本报记者　王义伟)(http://finance.sina.com.cn 2004年08月27日 04:00 中华工商时报)

生　词

1. 困扰	kùnrǎo	(动、名)	puzzle, worry
2. 焦点	jiāodiǎn	(名)	focus
3. 原油	yuányóu	(名)	crude oil
4. 折合	zhéhé	(动)	convert into
5. 负面	fùmiàn	(名)	negative side
6. 拖累	tuōlěi	(动)	drag, be a burden on
7. 隐忧	yǐnyōu	(名)	lurking dangers
8. 忽视	hūshì	(动)	ignore
9. 依存	yīcún	(动)	dependence
10. 咽喉	yānhóu	(名)	throat

11. 拥挤	yōngjǐ	（形）	jammed, crowded
12. 狭窄	xiázhǎi	（形）	narrow
13. 开采	kāicǎi	（动）	extract, mine
14. 首席	shǒuxí	（名）	chief
15. 天然气	tiānránqì	（名）	natural gas
16. 煤炭	méitàn	（名）	coal
17. 枯竭	kūjié	（动）	dry up, exhausted

专有名词

1. 马六甲海峡	Mǎliùjiǎ Hǎixiá	Malacca Strait
2. 台湾海峡	Táiwān Hǎixiá	Taiwan Strait
3. 南中国海	Nán Zhōngguó Hǎi	South China Sea
4. 印度洋	Yìndù Yáng	Indian Ocean
5. 阿拉伯海	Ālābó Hǎi	Arabian Sea

练　习

一、根据课文划线连接具有相同特点的词语

油价	对外依存度
供给	开采
原油进口	需求
咽喉要道	GDP
储备	海上生命线

二、划线搭配动词和名词

提升	原油	拖累	安全
进口	外汇	忽视	局面
支付	油价	改变	GDP
造成	影响	保证	隐忧

三、连句

1. A) 眼看就要超过50美元
   B) 油价一路高涨
   C) 今年上半年以来
   D) 去年国际市场上的原油价格为每桶28美元
   正确的顺序是(　　　)
2. A) 专家
   B) 尽管如此
   C) 比去年上涨10美元
   D) 大多预测今年的平均油价可能为每桶38美元
   正确的顺序是(　　　)
3. A) 以此计算
   B) 中国的原油进口最多将达到2.3亿吨
   C) 根据国际能源组织的预测和国内的判断,2020年中国原油年产量最多只能达到2亿吨的规模
   D) 到2020年
   正确的顺序是(　　　)
4. A) 包括石油在内的能源,总有枯竭的一天
   B) 对全人类提出的巨大挑战
   C) 这不但是对我们
   D) 也是对我们的后代
   正确的顺序是(　　　)

四、比较AB两句的意思是否相同

1. A) 自从1993年成为石油进口国,10多年来,中国的石油供给持续紧张。

B）中国从1983年到1993年连续十年进口石油，但是仍然难以满足需求。（　）

2. A）今年上半年以来，油价一路高涨，眼看就要超过50美元。

B）今年上半年以来，人们难以控制油价，大家都看到了油价超过50美元。（　）

3. A）以此计算，到2020年，中国的原油进口最多将达到2.3亿吨，对外依存度接近60%。

B）按照这个计算结果，到2020年，中国的原油进口最多将达到2.3亿吨，60%的原油消耗量需要通过进口来满足。（　）

4. A）目前我国经过马六甲海峡运送的石油数量约占我国石油进口总量的70%以上。

B）目前我国进口的石油，70%以上需要经过马六甲海峡运输。（　）

快速阅读

北京实行“半夜灯”

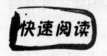

本报讯（记者　**马妮娜**）市政府昨天透露，为保证北京居民夏季用电，北京市采取五项措施降低15万盏路灯的用电量。其中，城八区的路灯将实行“半夜灯”。就是零点后，关闭部分路灯，如双灯的路灯关掉一只，双排的路灯关掉一排。目前，长安街、三环路、四环路、平安大街、两广路已开始实行。（http://finance.sina.com.cn 2004年07月09日 08:23 新京报）

阅读(一)

甘肃发现超大油田

(兰州讯)中国石油集团公司日前宣布,在甘肃省东部找到储量超过4亿吨的大油田,这是近十年来中国找到的第一个规模如此大的油田,对于中国石油持续、稳定和有效的发展,具有十分重大的意义。

据2002年全球能源统计,中国石油探明的储量居世界第11位,2001年的探明储量为33亿吨,占世界的2.3%。但是因为经济持续高速发展,中国面临着石油能源不足的问题,需要大量进口原油才能满足需求。

油田方面说,已探明的含油面积和储量还在增加,其中在西北方向预计还可获得3000万至5000万吨石油的地质储量。

20世纪70年代初和80年代末,对这一地区的两次勘探,都因方向不明确和技术水平不足而终止。2000年以后,第三次勘探发现了这个油田。

这个油田是这一地区发现的第三个探明储量超亿吨的大油田,这个油田具有油气比较高、埋藏深等特点,对油田的开发技术要求比较高。

中国石油集团公司的负责人介绍说,公司的最终目标,是使这一地区的原油年生产水平达到160万吨以上,一个年产百万吨的大油田正在甘肃东部迅速崛起。(新闻:国际 2004-05-29)

生 词

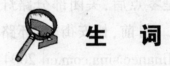

1. 油田	yóutián	(名)	oil field
2. 储量	chǔliàng	(名)	reserves
3. 探明	tànmíng	(动)	verify
4. 地质	dìzhì	(名)	geologic, geological
5. 勘探	kāntàn	(动)	prospect for

专有名词

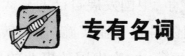

甘肃	Gānsù	Gansu Province

判断正误

1. 中国石油集团公司日前宣布，在甘肃省东部找到的大油田是近十年来中国找到的第一个储量超过4亿吨的油田。(　　)

2. 据2002年全球能源统计，2001年中国已经探明的石油储量是33亿吨，为世界第11位，占2001年世界石油消耗量的2.3%。(　　)

3. 油田方面说，这个油田的储量可能比目前探明的4亿吨还要多。(　　)

4. 这个油田是经过三次勘探才发现的。(　　)

5. 这个油田是这一地区发现的第三个探明储量超亿吨的大油田，具有油气比较高、埋藏深等特点，比较容易开发。(　　)

6. 中国石油集团公司的负责人介绍说，公司的最后目标，是让甘肃省东部的这个大油田每年生产160万吨以上的原油。(　　)

阅读(二)

我国已经建成比较完整的核工业体系

新华网北京8月27日电(记者　**张毅　王宇**)　“中国核事业50年成就展”今天在中国人民革命军事博物馆拉开帷幕。展览展示了半个世纪以来，我国在核武器、核电站、核技术应用、核科研教育体系等方面取得的一系列成就。

展览中一幅幅珍贵的图片和实物，展示了在极端艰苦的情况下，为了打破核垄断,防止核战争,中国发展自己的核武器的艰难历程。

改革开放后,我国国防科技工业实施“保军转民”战略,发展核电成为核工业保军转民的重要行动,为中国核事业的发展开辟了广阔空间。经过20多年努力,我国已经建成浙江秦山、广东大亚湾和正在建设的江苏田湾三大核电基地,为香港的繁荣稳定和沿海地区经济发展作出了重要贡献。

几十年来,中国的核技术广泛应用在工业、农业、医学、资源、环境、公共安全、科研等很多领域,取得了显著的社会和经济效益。目前国内从事核技术应用研究和生产的单位约300家,年总产值约400亿元,有些领域已达到国际先进水平。(http://www.sina.com.cn 2004年08月27日 11:50 新华网)

生 词

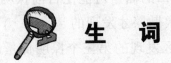

1. 核	hé	(名)	nuclear
2. 核武器	héwǔqì		nuclear weapon
3. 核电站	hédiànzhàn		nuclear reactor, nuclear power station
4. 极端	jíduān	(名、形)	extreme, exceedingly
5. 垄断	lǒngduàn	(动)	monopolization
6. 效益	xiàoyì	(名)	benefit

判断正误

1. 今天在中国人民革命军事博物馆拉开帷幕的“中国核事业50年成就展”是关于中国核武器技术的展览。(　　)

2. 中国在极端艰苦的情况下发展核武器,是为了打破少数国家控制核武器的局面,防止核战争。(　　)

3. 改革开放后，中国国防科技工业实施“保军转民”战略，也就是保证国防需要，同时发展民用科技，其中的重要行动是发展核电。(　　)

4. 中国已经在香港和沿海地区建成三大核电基地，为那些地区的经济发展作出了重要贡献。(　　)

阅读(三)

核能退出　油价抬高

自2000年以来的油价上涨，是由于政治局势、经济发展等多方面因素导致的，但核能转换因素却常被大家忽略。

目前发达国家和发展中国家的能源结构不同。比如中国2/3是煤炭；而西方发达国家，能源结构中有核电、石油、天然气等多种成分，核电占相当大的比例，如法国超过了60%。核电的大规模使用，开始于20个世纪70年代的石油危机。发达国家面对危机，仓促建设的许多核电项目，也留下了核电的安全隐患。前苏联的核电站出事之后，人们感到恐惧。因此自1986年开始，瑞典中止核电站的使用。20世纪90年代开始，发达国家除法国、日本外，核电比重开始迅速下降。这些原因直接导致了2000年的油价上涨。美国能源信息署1996年年度报告指出，由于核电退出，矿物能源在未来又将占据主导地位。我们现在看到的油价上涨，正是基于这一背景。因核电的停建和退出而导致的油价上升，我们可以称之为“核能转换”。(原载中国《新闻周刊》，系该刊对经济观察研究院院长清议的专访，本报有删节) (http://www.sina.com.cn 2004年08月27日09:27 南方都市报)

生 词

1.	导致	dǎozhì	（动）	bring about
2.	转换	zhuǎnhuàn	（动）	transform
3.	忽略	hūlüè	（动）	ignore
4.	仓促	cāngcù	（形）	hastily, hurriedly
5.	隐患	yǐnhuàn	（名）	hidden danger
6.	出事	chūshì	（动）	have an accident
7.	矿物	kuàngwù	（名）	mineral
8.	主导	zhǔdǎo	（形）	dominant，leading
9.	基于	jīyú	（介）	based on, in view of

简要回答

1. 中国的能源结构和西方发达国家有什么不同？
2. 西方发达国家大规模使用核电和放弃核电的原因分别是什么？
3. 核电退出后对世界能源市场的影响是什么？

第 24 课
不同寻常的历史时刻——
重温邓小平访美历程

1979年1月29日上午，美国白宫南草坪上首次并排升起五星红旗和星条旗。在这里,美国总统卡特为中国的贵宾——邓小平副总理举行了欢迎仪式。有美国记者大发感慨地说,一个国家的总统举行正式仪式,隆重欢迎另一个国家的副总理,并陪同检阅三军仪仗队,这在世界外交史上极其罕见。

亲历那一历史瞬间的卡特总统的国家安全事务助理布热津斯基回忆道:“当时的气氛就像充了电一样，我不记得白宫以前曾经有过如此令人激动的场面。”

布热津斯基近日在接受记者专访时说,邓小平当年访美的第一场活动就是到他在华盛顿近郊的家中赴宴。那是两人8个月前在北京首次会面时的约定。邓小平抵美后一下飞机,果然不顾旅途疲劳,来到布热津斯基家中。布热津斯基还谈到,在宴会上他曾半开玩笑地问邓小平说,卡特总统因中美关系正常化问题在美国国内遇到麻烦，中国是否也有类似的问题,邓小平不假思索地答道：当然有,在台湾就有不少反对者。邓小平的机智让布热津斯基惊叹不已。

为了让来自东方的贵宾对美国文化有个直观的了解,卡特在邓小平访问华盛顿期间特意为他在肯尼迪艺术中心安排了一场盛大的演出。当晚参加表演的有著名钢琴演奏家塞金以及乡村歌手约翰·丹佛。最后一个节目是约200名小学生用中文合唱《我爱北京天安门》。一曲唱罢,邓小平深深为之动情。他和夫人走上舞台热情拥抱和亲吻了美国孩子。

记者在翻阅当时的美国报纸时还读到这样一则评论：邓小平真诚

亲吻美国儿童的场面恐怕会让美国不少政治家重新学会如何亲吻孩子。

在访问亚特兰大时，邓小平致辞说:“你们的很多成功经验对我们很有借鉴意义。我们愿意向你们学习。愿我们两国人民的友谊和合作顺利。”邓小平的肺腑之言引起全场宾客起立欢呼。

在休斯敦,邓小平的考察重点转向了高科技领域。在美国载人航天基地——林登·约翰逊宇航中心，邓小平不仅仔细参观了宇宙飞船阿波罗17号的指令舱和月球车,还不时向身边的宇航员询问太空生活的细节。

谈起邓小平访美,给美国人印象最深刻的无疑是邓小平在休斯敦附近的小镇观看牛仔表演时戴上宽边牛仔帽的一幕。成千上万的美国人通过电视注意到了这则新闻。对于美国人来说,邓小平欣然戴上牛仔帽观看牛仔表演这一入乡随俗的举动，表达了他对美国文化的尊重和对美国人民的友好之情。

在短短8天访美时间里，邓小平向世界展示了中国改革开放的坚定决心、努力学习西方先进技术和文化的成熟心态,以及中国必将实现现代化的充分信心。(记者 **班玮**) (**新华网2004年08月22日**)

生 词

1. 感慨	gǎnkǎi	(动)	sigh with emotion
2. 罕见	hǎnjiàn	(形)	infrequent, unusual
3. 近郊	jìnjiāo	(名)	suburb
4. 赴宴	fù yàn		attend a banquet
5. 类似	lèisì	(形)	similar
6. 不假思索	bù jiǎ sīsuǒ		offhand, without thinking
7. 机智	jīzhì	(形)	quick qitted
8. 直观	zhíguān	(形)	direct observation

9. 动情	dòngqíng	（动）	become excited
10. 肺腑之言	fèifǔ zhī yán		words from the bottom of one's heart
11. 牛仔	niúzǎi	（名）	cowboy
12. 入乡随俗	rù xiāng suí sú		when in Rome do as the Romans do

专有名词

1. 卡特	Kǎtè	Jimmy Carter
2. 华盛顿	Huáshèngdùn	Washington
3. 肯尼迪	Kěnnídí	Kennedy
4. 休斯敦	Xiūsīdùn	Houston
5. 林登·约翰逊	Líndēng·Yuēhànxùn	Lyndon B. Johnson
6. 阿波罗	Ābōluó	Apollo

练　习

一、根据课文划线连接具有相同特点的词语

五星红旗	宽边牛仔帽
美国总统卡特	林登·约翰逊宇航中心
肯尼迪艺术中心	学习
借鉴	邓小平副总理
乡村歌手约翰·丹佛	信心
决心	星条旗

二、划线搭配动词和名词

升起	专访	亲吻	飞船
举行	仪仗队	引起	细节
检阅	仪式	参观	孩子
接受	五星红旗	询问	欢呼

三、判断对划线词语的解释是否正确

1. 1979年1月29日上午,美国白宫南草坪上首次并排升起五星红旗和星条旗。

   中国国旗和美国国旗,代表中美两国(　　)

2. 国家安全事务助理布热津斯基回忆道:"当时的气氛就像充了电一样。"

   比喻安全形势不好,气氛紧张(　　)

3. 卡特总统因中美关系正常化问题在美国国内遇到麻烦,中国是否也有类似的问题。

   因中美关系正常化问题在中国国内遇到麻烦(　　)

4. 邓小平的肺腑之言引起全场宾客起立欢呼。

   大声说出的话(　　)

5. 邓小平欣然戴上牛仔帽观看牛仔表演这一入乡随俗的举动,表达了他对美国文化的尊重和对美国人民的友好之情。

   理解和接受农村的生活习惯(　　)

四、判断正误

1. 美国总统卡特为邓小平副总理举行的欢迎仪式表现了美国政府对邓小平访美的罕见的重视。(　　)

2. 卡特总统的国家安全事务助理布热津斯基由于在家准备欢迎邓小平的宴会,没有能够参加1979年1月29日上午在白宫举行的欢迎仪式。(　　)

3. 在和布热津斯基交谈中,邓小平说,在中国台湾有不少人反对中美关系正常化。(　　)

4. 卡特在邓小平访问华盛顿期间为他安排了演出。最后一个节目是约200名小学生用中文合唱《我爱北京天安门》。演唱之前,邓小平和夫人走上舞台拥抱和亲吻了这些孩子。(　　)

5. 除了华盛顿以外,邓小平还访问了亚特兰大和休斯敦。(　　)

6. 谈起邓小平访美,给美国人印象最深刻的无疑是邓小平在休斯敦附近

的小镇参加了牛仔表演。(　　)

7. 在访问美国的8天时间里,邓小平向世界展示了坚定的决心、成熟的心态和充分的信心。(　　)

阅读(一)

邓小平与大平正芳的谈话

邓小平与日本政治家大平正芳之间的一段谈话,对中国经济发展产生了深远的影响。

1979年12月5日,大平首相抵达北京,对中国进行正式访问。12月6日下午,邓小平会见了大平首相一行。会谈中大平问道:“中国现代化的蓝图是如何构思的?”大平提出这样的问题,不是偶然的。他毕业于东京商科大学,在主管经济工作的大藏省工作了15年,50岁出任内阁官房长官,协助池田勇人首相实行“国民收入倍增计划”。该计划目标是10年内将实际国民收入增加一倍,结果7年内使计划得以实现。日本的经济规模达到世界第二位,人均收入1970年超过1500美元。

对于大平的提问,邓小平的回答勾画出了20世纪后20年中国实现小康社会的发展设想。

1987年4月30日,邓小平在会见西班牙副首相格拉时,第一次比较完整地提出了三步走的发展战略构想。他指出:第一步在80年代末翻一番,国民生产总值人均达到500美元。第二步是到20世纪末,再翻一番,人均达到1000美元,进入小康社会。更重要的还是第三步,在21世纪用30年到50年再翻两番,大体达到人均4000美元。做到这一步,中国就达到中等发达的水平。

小平回答大平提问的谈话节录已收入《邓小平文选》第二卷,题目为《中国本世纪的目标是实现小康》。(记者　于青) (人民日报 2004年08月20日)

生 词

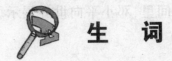

1. 蓝图	lántú	(名)	blueprint
2. 构思	gòusī	(动)	esign
3. 协助	xiézhù	(动)	assist
4. 勾画	gōuhuà	(动)	draw an outline of, sketch

专有名词

1. 大平正芳	Dàpíng Zhèngfāng	Masayoshi ōhira
2. 大藏省	Dàzàngshěng	
3. 内阁官房长官	Nèigé Guānfáng Zhǎngguān	Chief Cabinet Secretary
4. 池田勇人	Chítián Yǒngrén	Hayato Ikeda

选择正确答案

1. 邓小平与日本政治家大平正芳之间的这段谈话,是在什么时候进行的?

   1) 1979年12月5日

   2) 1979年12月6日

   3) 大平正芳在主管经济工作的大藏省工作了15年的时候

   4) 大平正芳50岁的时候　　( )

2. 大平正芳曾经工作过的地方和担任过的职位包括以下哪些,请指出错误的一个:

   1)东京商科大学

   2) 大藏省

3）内阁官房长官

4）首相　　（　　）

3. 日本的"国民收入倍增计划"给日本带来哪些进步，请指出错误的一个：

1)人均收入1970年超过1500美元

2）经济规模达到世界第二位

3）用7年时间使实际国民收入增加一倍

4）用10年时间使实际国民收入增加一倍　　（　　）

4. 按照邓小平的设想，中国大约在什么时候可以进入小康社会？

1)20世纪80年代末

2）2000年前后

3）2030—2050年之间

4）课文中没有说明　　（　　）

5. 在会见西班牙副首相格拉时，邓小平完整地提出了三步走的发展战略构想。邓小平认为，中国国民生产总值人均达到多少美元时，中国就达到中等发达的水平？

1）500美元

2）1000美元

3）1500美元

4）4000美元　　（　　）

阅读(二)

访比什凯克的"邓小平大街"

吉尔吉斯斯坦首都比什凯克有一条东西走向的大街。它长3.5公里、宽约25米，有双向六条车道。大街东端，矗立着一座两米多高的红色花岗岩纪念碑，碑的正面用中、吉、俄三种文字写着：" 此街以中国卓越的社会和政治活动家邓小平的名字命名"。

"邓小平大街"位于比什凯克市西部，东连市中心的楚河大街，西接"比什凯克–奥什"公路，是比什凯克通往吉尔吉斯斯坦南部第二大城市奥什的起始路段。纪念碑上半部十分传神的邓小平雕像,正注视着这条车水马龙、日益繁荣的大街。

在邓小平诞辰百年前夕,记者来到这里访问。沿大街向西望去,“中国商贸城”与“奥什”市场构成繁华的商业区;大街两侧商店、饭馆、咖啡屋、家具城、汽车修理厂和现代化加油站鳞次栉比。

据当地向导介绍,以邓小平名字命名这条街的想法是1996年6月由时任比什凯克市长、吉著名经济学家西拉耶夫提出来的,其目的是昭示吉尔吉斯斯坦以中国为榜样,走自己特色的改革开放之路。这一提议得到了阿卡耶夫总统的大力支持。阿卡耶夫总统指出,邓小平的改革开放理论值得所有国家借鉴,特别是像吉尔吉斯斯坦这样的正在进行经济转型的独联体国家。于是,便诞生了“邓小平大街”。(记者 **陈俊锋 任瑞恩**)

(新华网2004年8月20日)

生 词

1. 走向	zǒuxiàng	(名)	direction
2. 矗立	chùlì	(动)	stand tall and upright
3. 花岗岩	huāgāngyán	(名)	granite
4. 卓越	zhuóyuè	(形)	outstanding
5. 传神	chuánshén	(形)	lifelike, vivid
6. 雕像	diāoxiàng	(名)	statue, sculpture
7. 车水马龙	chē shuǐ mǎ lóng		heavy traffic
8. 诞辰	dànchén	(动)	birthday
9. 鳞次栉比	lín cì zhì bǐ	(成)	row upon row of
10. 向导	xiàngdǎo	(名)	guide

专有名词

1. 吉尔吉斯斯坦	Jí'ěrjísīsītǎn	Kyrgyzstan
2. 比什凯克	Bǐshíkǎikè	Bishkek
3. 独联体	Dúliántǐ	Commonwealth of Independent States — CIS

判断正误

1. "邓小平大街"位于吉尔吉斯斯坦首都比什凯克。(　　)

2. "邓小平大街"在首都比什凯克的市中心，是比什凯克通往吉尔吉斯斯坦南部第二大城市奥什的起始路段。(　　)

3. "邓小平大街"不仅位置重要，还是一个繁华的商业区，大街两侧有很多商店、饭馆、咖啡屋、家具城、汽车修理厂和现代化加油站。(　　)

4. 以邓小平的名字命名这条街的想法，是由吉尔吉斯斯坦总统阿卡耶夫提出的。(　　)

5. 阿卡耶夫总统认为，吉尔吉斯斯坦是一个正在进行经济转型的独联体国家，应该学习中国改革开放的理论。(　　)

阅读(三)

马哈蒂尔：邓小平是实事求是的典范

"中国已故领导人邓小平是奉行实事求是原则的典范，他制定了符合中国国情的改革开放政策，使中国的面貌发生了巨大变化"，马来西亚前总理马哈蒂尔日前在接受新华社记者专访时高度评价了邓小平的丰功伟绩。

马哈蒂尔说,他和邓小平有过两次会面,一次是1978年邓小平访问马来西亚时,另一次是1985年他首次访华期间。交谈中,邓小平十分关注马来西亚发展经济和引进外资的情况,详细询问了马来西亚的各项经济政策和经济数据,并对当时马来西亚人均国民生产总值已达2000美元表现出极大兴趣。

马哈蒂尔说,邓小平深刻了解中国国情和世界现状,从实际出发,实事求是地总结了中国经济建设的经验与教训,大胆借鉴西方国家发展经济的有益经验,大力引进外国资金、先进技术和管理经验,推动中国经济体制改革,走出一条有中国特色的经济发展道路。他指出,中国的社会主义市场经济道路是一种独创。

马哈蒂尔说,20世纪90年代以来,中国和马来西亚及其他东南亚国家的友好关系和经贸合作迅速发展,目前中国-东盟自由贸易区谈判已经展开,进一步扩大地区合作的前景良好。(记者 **邱孝益**)

新华网 2004年08月23日

生 词

1. 实事求是	shí shì qiú shì		be practical and realistic
2. 典范	diǎnfàn	(名)	model
3. 已故	yǐgù	(形)	deceased
4. 奉行	fèngxíng	(动)	pursue
5. 丰功伟绩	fēnggōng wěijì		great achievement
6. 独创	dúchuàng		original creation

专有名词

1. 马哈蒂尔　Mǎhādì'ěr　Datuk Seri Mahathir Bin Mohamad
2. 东盟　Dōngméng　Association of Southeast Asian Nations ——ASEAN
3. 自由贸易区　Zìyóu Màoyìqū　free-trade area

简要回答

1. 马哈蒂尔曾经在什么时间和什么地点见过邓小平？

2. 马哈蒂尔对邓小平的印象怎么样？

3. 马哈蒂尔如何看待20世纪90年代以来，中国和马来西亚及其他东南亚国家的友好关系和经贸合作？

第 25 课

丰富多彩过春节

眼下，各个媒体都在宣传春节晚会。然而到底有多少人真正关心导演们精心策划、娱乐记者们卖力宣传的春节晚会呢？为此笔者随机对20位年轻人进行了一番调查，不查则已，一查才发现有将近九成的年轻人并不关注或关注很少。

在这20人中，只有两位30多岁的女士说她们会时不时地关注一下春节晚会。在另外的18人中，有10人表示毫不关心春节晚会，这其中有6人是在校大学生，4人是公司职员。另有8人表示关注得较少。在这18人中，有80%的人认为春节晚会形式陈旧，缺乏吸引力。

看看他们除夕干什么：

王嘉，中文系大学生，21岁：爱音乐会胜过春节晚会。我爸是搞音乐创作的，我们一家在他的影响下都很喜欢听音乐会。年底的大型音乐会，我们都不会错过，除夕夜的更是如此。两者比较起来，春节晚会还是显得大而杂了。

小马，理工科大学生，22岁：上网、看影碟。我喜欢上网聊天、发短信、读新闻、看影片。春节晚会以前倒是不错，记得小时候看陈佩斯、朱时茂表演的《吃面条》，把我们全家给乐坏了，那情景我至今还记得。可惜现在节目一年不如一年了，不看也罢。除夕夜我已经跟同学约好了——网上见。

路强先生，电脑公司职员，33岁：度假村里过除夕。以前过年都是我们一家人一起回到父母那儿，一边包饺子，一边看春节晚会，年年如此，挺腻的。今年我选择去郊区的度假村。那里可以燃放烟花爆竹，可以滑雪、打保龄球、唱卡拉OK，还省去准备年夜饭的烦恼。至于春节晚会嘛？

不一定要看了。

施宏先生,广告公司经理,38岁:旅游放飞好心情。前年年底我刚结婚,度蜜月时正好赶上春节。大年三十那天我们是在桂林过的,在外面玩了一天,直到晚上10点钟才回宾馆。这是我头一次出来过春节,原来还觉得错过了春节晚会有点可惜,第二天起来就全忘了。今年春节我们打算出国到新马泰走一趟,看看那里的华人是怎样过春节的。

对其他娱乐方式的关注是社会的进步

业内人士指出,春节晚会开始让位于其他娱乐方式,代表着社会生活的发展趋势。20世纪80年代人们的精神生活匮乏,没有电脑网络,没有DVD,电视频道顶多能收到中央1、2台和地方台,没有酒吧歌舞厅,更别说什么音乐会、海外旅游了……春节晚会填补了这些空白,成了人们除夕夜惟一的精神大餐。然而仅仅听首好歌、逗个乐子的时代已经一去不复返了。看看现在多元化的生活,视觉、听觉、味觉、感觉、触觉五味俱全,充满各种新鲜事物,所以我们有理由过一个"多元化"的春节,这才是一种成熟的生活态度!冲着这,您也千万别把春节晚会太当一回事了。(http://news.tom.com 2003年01月26日02时33分 来源:**合肥报业网** 记者 **廖爱玲**)

生　词

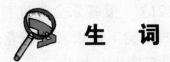

1. 导演	dǎoyǎn	(名、动)	direct, director
2. 卖力	màilì	(形)	hoppingly
3. 笔者	bǐzhě	(名)	writer, penman
4. 除夕	chúxī	(名)	the New Year's Eve
5. 理工科	lǐgōngkē		science and engineering course
6. 影碟	yǐngdié		video disc
7. 燃放	ránfàng	(动)	light, set off
8. 烟花爆竹	yānhuā bàozhú	(名)	fireworks
9. 保龄	bǎolíng	(名)	bowling

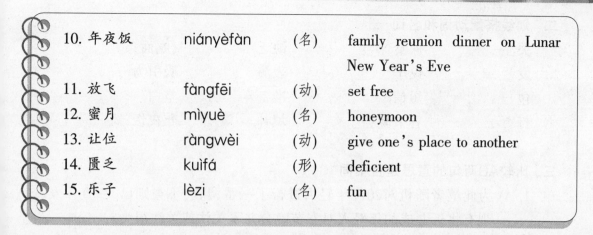

10. 年夜饭	niányèfàn	(名)	family reunion dinner on Lunar New Year's Eve
11. 放飞	fàngfēi	(动)	set free
12. 蜜月	mìyuè	(名)	honeymoon
13. 让位	ràngwèi	(动)	give one's place to another
14. 匮乏	kuìfá	(形)	deficient
15. 乐子	lèzi	(名)	fun

专有名词

1. 桂林	Guìlín	Guilin, a city in Guangxi Zhuang Autonomous Region
2. 新马泰	Xīn-Mǎ-Tài	Singapore, Malaysia and Thailand

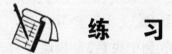

练　习

一、根据课文划线连接具有相同特点的词语

春节晚会	新马泰
精心策划	娱乐方式
除夕夜	逗个乐子
度假村	大年三十
燃放烟花爆竹	年夜饭
听首好歌	卖力宣传

二、划线搭配动词和名词

关注	保龄球	缺乏	《吃面条》
发	饺子	表演	吸引力
包	短信	准备	空白
打	春节晚会	填补	年夜饭

三、比较AB两句的意思是否相同

1. A) 为此笔者随机对20位年轻人进行了一番调查,不查则已,一查才发现有将近九成的年轻人对春节晚会并不关注或关注很少。

   B) 为了了解这方面的情况,我随机调查了20位年轻人,不调查不知道,一调查才发现接近90%的年轻人对春节晚会并不关注或关注很少。（ ）

2. A) 年底的大型音乐会,我们都不会错过,除夕夜的更是如此。

   B) 我们肯定会去听年底的大型音乐会,特别是除夕夜的。（ ）

3. A) 记得小时候看陈佩斯、朱时茂表演的《吃面条》,把我们全家给乐坏了,那情景我至今还记得。

   B) 我现在还记得小时候看陈佩斯、朱时茂表演的《吃面条》的情景,我们全家都觉得那里面的音乐很美,我们很喜欢。（ ）

4. A) 以前过年都是我们一家人一起回到父母那儿,一边包饺子,一边看春节晚会,年年如此,挺腻的。

   B) 以前过年都是我们一家人回到父母那儿,一边包饺子,一边看春节晚会。每年都是这样,大家已经习惯了。（ ）

5. A) 电视频道顶多能收到中央1、2台和地方台,没有酒吧歌舞厅,更别说什么音乐会、海外旅游了……

   B) 电视频道很多,可以收到很多台,比如中央1、2台和地方台。但是,没有酒吧歌舞厅,更没有音乐会、海外旅游……（ ）

四、判断正误

1. 目前,将近90%的年轻人对春节晚会并不关注或关注很少,一个重要的原因是各个媒体的宣传太少。（ ）

2. 这篇课文的作者调查了20位年轻人对春节晚会的看法,其中80%的人认为春节晚会形式陈旧,缺乏吸引力。（ ）

3. 21岁的中文系大学生王嘉认为,和音乐会比较,春节晚会规模太大,内容杂乱。（ ）

4. 33岁的电脑公司职员路强先生，不准备做年夜饭，也不准备看春节晚会。(　　)

5. 从最后一段来看，作者觉得春节晚会的地位下降了，十分可惜。(　　)

快速阅读

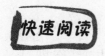

羊年春节七天假期 武汉人上馆子吃了1.3亿元

中新网2月8日电 据武汉市饮食服务管理处统计，从羊年初一到初七，武汉市餐饮营业额达到1.3亿元，比去年净增1000万元。

武汉晨报报道说，这1.3亿元还只是饭店宴席的进账，不包括外卖成品菜的销售额。

有酒店老板喜笑颜开称，春节期间"从早到晚有人吃饭，酒店的灯基本没关过"。

自去年起，武汉一些大酒店相继推出年饭成品菜，顾客从饭店或超市买回已做好的熟菜，回家加热即食。成品菜因其方便、价廉、美味而受到市民青睐。(**宋雪飞　张春林**) (http://news.tom.com 2003年02月08日10时53分　来源：**中国新闻网**)

阅读(一)

春节黄金周我国接待国内外游客5947万人次

新华网北京2月8日电(记者　**钱春弦**)全国假日旅游办公室8日发布的统计数字显示，春节黄金周期间，中国各地共接待游客5947万人次，比去年同期增长15.3%。实现旅游收入257.6亿元,比去年同期增长13%。

全国假日办主任王军说,今年春节黄金周,人们出游规模进一步扩大,旅游过年成为新的时尚。全国各地的许多家庭一改过去在家团圆的传统,举家出游。在海南、广东、云南、福建等地,随处可见亲朋好友在旅游中团聚、在团圆中旅游的景象。

中国公民出境旅游目的地的增多也为游客提供了更大的选择余地。前往越南、泰国、韩国、澳大利亚等国的旅游团十分火暴。上海、深圳、广州等地节前出境航班爆满。

他说,今年春节的旅游产品更加丰富。各地迎春活动应有尽有,体现民族优秀传统文化的旅游产品异彩纷呈,冬季旅游产品更加成熟。春节期间,"吃"是合家团聚的重点内容,各地推出的饮食文化产品,使旅游者在品尝美食的同时,更好地了解和体验了各地的文化。据悉,今年春节旅游的国内热点地区是海南、云南、广西、广东等南方各省和黑龙江、吉林、辽宁等冰雪资源充足的省份。(http://news.tom.com 2003年02月08日21时58分　来源: **新华网**)

生　词

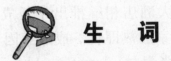

1. 团圆	tuányuán	(动)	reunion
2. 火暴	huǒbào	(形)	hot
3. 航班	hángbān	(名)	scheduled flight
4. 爆满	bàomǎn		full
5. 异彩纷呈	yì cǎi fēn chéng		showing extraordinary splendour

选择正确答案

1. 以下哪一句关于春节黄金周的介绍是正确的?

1) 中国各地共接待游客5947万人次,比去年同期增长13%

2) 中国实现旅游收入257.6亿元,比去年同期增长15.3%

3）游客人数增长速度比旅游收入增长速度更快

4）这种增长情况是全国假日旅游办公室没有想到的　　　　　　（　　）

2. 今年春节黄金周,人们出游规模进一步扩大。在课文中,这句话的意思是:

1）人们把旅游当做一种时尚

2）人们全家一起旅游,而不是一两个人旅游

3）人们喜欢去海南、广东、云南、福建等地旅游

4）人们喜欢在春节期间旅游　　　　　　（　　）

3. 在中国公民出境旅游这个方面,课文没有提到的部分是:

1）中国游客在境外消费数额让人吃惊

2）旅游目的地的增多为游客提供了更大的选择余地

3）很多旅游团前往越南、泰国、韩国、澳大利亚等国

4）上海、深圳、广州等地节前出境航班爆满　　　　　　（　　）

4. 今年春节旅游的国内热点地区在哪些地方?

1）南方各省

2）冰雪资源充足的省份

3）中国中部

4）包括1)和2)　　　　　　（　　）

阅读(二)

春节期间游客数量旅游收入均创新高

春节期间,中国旅游名胜景区接待游客数量、旅游收入均创新高,各旅游景点游人如织。

有着"羊城"之称的广州市,以浓厚的传统过年习俗吸引了大批海内外游客。越秀公园举行以"金羊贺岁"为主题的园林博览会;广州动物园举办了羊展;"珠江夜游"还推出"在珠江上吃年夜饭"等活动。

天津市有关部门统计,春节期间天津市旅游总人数达到286万多人次。天津的老百姓,有的在和平路、滨江道等商业繁华地区购物,有的到

鼓楼街、古文化街、杨柳青古镇等欣赏民俗，还有不少人到西安、桂林、昆明、杭州、深圳、黄山、泰山等地以及泰国、新西兰等国家观光。

春节期间，上海市236家大中型商业企业平均每天的生意额超过3亿元，7天长假实现销售21.86亿元，同比增加近两成。

连锁超市成为上海春节市场的“领头羊”，上海超市、大卖场客流猛增，实现销售14.22亿元，占全市零售总额的65.1%。文化消费成为羊年新春新亮点，上海音像图书城、思考乐书局、港汇书店等3家书店营业收入达到115.24万元。位于徐家汇的柯达影院、永乐电影院节日期间也生意火暴，营业收入同比增长逾三成。

晴好的天气为杭州美景更增添几分魅力，西湖风景名胜区的27个收费公园景点，七天里共接待中外游客82.75万人次。其中，来自上海、南京、苏州等地及省内的游客占绝大多数，来自境外的游客数量也有一定增长。(http://news.tom.com 2003年02月08日21时59分　来源: 新华网)

生　词

1. 游人如织	yóu rén rú zhī		jammed with visitors
2. 习俗	xísú	(名)	custom
3. 博览会	bólǎnhuì	(名)	exhibition, trade fair
4. 魅力	mèilì	(名)	charm

判断正误

1. 春节期间，中国旅游名胜景区接待游客数量、旅游收入都达到了历史最高纪录。(　　)

2. 开放的广州市以新的、现代化的过年方式吸引了大批游客。(　　)

3. 春节期间，上海市236家大中型商业企业7天长假实现销售21.86亿元，比去年春节期间增加了两倍。(　　)

4. 来杭州西湖风景名胜区的27个收费公园景点旅游的主要是国内游客。(　　)

阅读(三)

中国人春节发送短信70亿条

春节长假后第一天,中国移动和中国联通的数据部门在紧张地统计着。

昨天上午,中国移动向本报表示:从除夕到初七,中国移动的短信量为60亿条。当天下午,中国联通的统计结果也出来了:春节8天,中国联通的短信量历史性地攀升到10.35亿条。

这样,春节期间,全国的短信量超过70亿条,创下一个新的纪录。

记者同时获悉,仅除夕这一天,中国移动的短信发送量就达10亿条,中国联通的短信量最少也在1亿条以上。

2000年, 中国移动的短信量是10亿条;2001年是159亿条;2002年的数字,在750亿条之上。 与此同时,中国联通的短信数量也增加到150亿条。

由于手机用户数的快速增长, 中国移动和中国联通在过去的一年里,不仅在亚洲,即使在全球也成为排在第一等级的大公司,中国移动的用户1.22亿,排名全球第一,中国联通的用户7000多万,排名第三。

随着中国联通和中国移动新业务在一季度的全面推出,两家公司的数据业务竞争将从短信扩张到手机游戏、手机购物、手机定位、手机上网等各个方面。(**晨报**记者　**王正鹏**)(http://news.tom.com 2003年02月10日06时05分　来源: **北京晨报**)

生 词

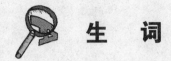

1. 数据	shùjù	(名)	data
2. 用户	yònghù	(名)	consumer, user
3. 定位	dìngwèi	(动)	locate

专有名词

1. 中国移动	Zhōngguó Yídòng	China Mobile
2. 中国联通	Zhōngguó Liántōng	China Unicom

简要回答

1. 中国人是在几天的时间里发送了70亿条短信？
2. 除夕这一天，中国人发送了多少条短信？
3. 今后，中国联通和中国移动将在哪些方面展开竞争？

第26课

人均铁轨不到一支香烟长度 铁路难承中国发展之重

作为晋煤外运的主要通道，石太线建于解放前。它的沿线，星罗棋布地排列着大大小小上百个煤矿。通过这条铁路线，数百亿吨的煤炭运往全国各地。

半个多世纪来，这条老态龙钟的铁路线已不堪重负。“原本设计时速是60公里，如今只有40多公里，一旦下雨，速度更慢。”太原铁路分局总调度长闻清良说。

统计数据显示，我国现有铁路7.2万公里，占世界铁路里程的6%，却完成了世界铁路24%的工作量。以2000年为例，中国铁路承担的运输量，是法国的7.9倍、德国的7.8倍、美国的2.7倍。我国铁路完成货运量、客运量、运输密度均居世界第一。但人均占有的铁路却不到一支香烟的长度！

铁路运力卡着区域经济的脖子

作为我国最重要的能源基地之一，山西省切实感受到了铁路运力不足之痛。

以焦炭为例，山西是目前全国乃至全球最大的焦炭生产基地，焦炭产量占全国的40%，占全世界的七分之一，出口量达1000万吨以上，占全世界焦炭贸易量的50%以上。

但山西省70%以上的车皮都被煤炭占用，焦炭常常运不出来。

运不出去的不仅仅是焦炭。即便列入“重点保证物资”清单的煤炭，也无法得到足够的车皮。“别看煤每天有3750车，但重点煤矿也只能吃个半饱。”闻清良说。

铁路的困境在于投资渠道单一

统计显示，每年投入到铁路建设的资金总共只有不到600亿元人民币。与之对比鲜明的是，我国每年在公路建设上的投资高达近3000亿元。铁路与公路为何在投入上表现出如此巨大的反差？

"目前属垄断性质的铁路建设只能依靠政府投入。"王德荣说。

与之相反,公路建设早早走出了单纯依靠政府投入的旧体制。

"具体讲,就是各地政府开始征收'车辆购置税'用于修建公路;征收'过路费'和'过桥费'用于地方公路建设;收取的'养路费'则用于公路的日常养护和建设。"王德荣解释说。

更关键的是,公路产权关系清晰,这保证了各投资主体的收益,调动了包括地方政府、外资和民间资本在内的各个投资主体的积极性。

王德荣认为,如果继续保持现在的投资规模和投资方式不变,我国至少需要再奋斗15年,才能满足对铁路运输的基本需求。

王德荣认为,必须引入更多方面的市场投资才可以解决这一问题。

据悉,7月20日,铁道部部长办公会传达了国务院常务会议精神,我国将加大铁路建设投入,有望在明年迎来铁路建设高峰。(记者 **程刚 周伟**)

《中国青年报》 2004年7月22日

生 词

1. 解放	jiěfàng	(动)	liberation (referring to China's Liberation from the rule of the Kuomintang in 1949)
2. 星罗棋布	xīng luó qí bù	(成)	spread all over
3. 总调度长	zǒngdiàodùzhǎng	(名)	chief dispatcher
4. 运力	yùnlì	(名)	transport capacity
5. 卡	qiǎ	(动)	clutch, pinch
6. 物资	wùzī	(名)	material
7. 清单	qīngdān	(名)	bill, list
8. 购置	gòuzhì	(动)	purchase
9. 产权	chǎnquán	(名)	property right

专有名词

1. 晋	Jìn	abbreviation for Shanxi Province
2. 石太线	Shí-Tài Xiàn	railway (from Shijiazhuang to Taiyuan)
3. 太原	Tàiyuán	Taiyuan, a city in Shanxi Province

练　习

一、根据课文划线连接具有相同特点的词语

晋煤外运	24%
煤炭	垄断性质
最重要的能源基地之一	投资主体
6%	石太线
投资渠道单一	焦炭
产权	山西省

二、用下列动词组成动宾短语

完成	列入
承担	依靠
感受	征收
占有	调动

三、比较AB两句的意思是否相同

1. A) 半个多世纪来，这条老态龙钟的铁路线已不堪重负。
   B) 这条陈旧的铁路已经有50多年的历史，没有能力承担沉重的压力了。（　　）

2. A）铁路运力卡着区域经济的脖子。
   B）铁路的运输能力限制了区域经济的发展。（　　）

3. A)“别看煤每天有3750车,但重点煤矿也只能吃个半饱。”闻清良说。

B)闻清良说:“重点煤矿的工人工作十分紧张,每天生产3750车的煤,常常没有时间吃饭。这些情况是我们不了解的。” （ ）

4. A)调动了包括地方政府、外资和民间资本在内的各个投资主体的积极性。

B)调动了地方政府、外资和民间资本等各个投资人、投资机构的积极性。 （ ）

5. A)铁道部部长办公会传达了国务院常务会议精神,我国将加大铁路建设投入。

B)铁道部说,国务院希望大家保持良好的精神状态,建设更多的铁路。 （ ）

四、判断正误

1. 作为晋煤外运主要通道的石太线是1949年以前建成的。( )

2. 中国现有铁路7.2万公里,人均占有的铁路不到一支香烟的长度,但是完成了世界铁路24%的工作量。( )

3. 山西是目前全国甚至全世界最大的焦炭生产基地,焦炭产量占全世界的50%以上。( )

4. 山西省运输焦炭占用的车皮最多。( )

5. 目前,中国铁路属于垄断性质,由政府投资建设。( )

6. 王德荣解释说:“各地政府收取“养路费”用于修建公路;征收“车辆购置税”,用于公路的日常养护和建设。”( )

7. 王德荣认为,在引入更多方面的市场投资的情况下,我国至少需要再奋斗15年,才能满足对铁路运输的基本需求。( )

快速阅读

兰青铁路紧急抢险四小时恢复通车

新华网西宁8月27日电(记者 杨寿德) 记者从青藏铁路公司了解

到,27日上午,兰青铁路(青海境内)发生泥石流,致使一货车中断运行。事故发生后经多方努力,四个小时后排除险情恢复通车。

青藏铁路公司负责人说,发生泥石流是因为今天凌晨青海省东部地区突降暴雨所致,这次事故发现早处理早,没有人员伤亡。(http://www.sina.com.cn 2004年08月27日18:52 **新华网**)

阅读(一)

中国拟建庞大高速公路网

(北京讯)中国正在拟定庞大的高速公路发展计划。交通部的规划是由7条首都放射线、9条南北纵向线和18条东西横向线组成, 简称为“7918网”,总规模8万多公里。

据中新网报道,相关人士透露,“7918网”目前已建成2.5万公里,正在建设的有1.6万公里,还有4万多公里需要在未来建设。

《国家高速公路网规划》主要起草人李兴华表示,这一规划的着眼点是——连接和覆盖20万以上人口的所有城市;建立省际、城际、国际的高速公路网络通道;形成比较完善的、区域经济比较发达地区的城际快速运输网络,在东北老工业基地发展运输网络;立足于国家战略和区域全球化,加强与东南亚、西亚国家的交通网络。

他还表示,有专家提议政府应逐步对收费高速公路实行收购,逐渐将民间、外资建设的商业高速公路收归国有,免费提供给消费者。

自1998年始,中国的公路建设每年投资超过260亿美元,目前已经建成近3万公里。(**《联合早报》**2004-08-20)

生 词

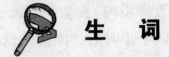

1. 放射线	fàngshèxiàn	(名)	radiation
2. 纵向	zòngxiàng	(名)	vertical
3. 横向	héngxiàng	(名)	horizontal
4. 着眼点	zhuóyǎndiǎn	(名)	focus of attention
5. 省际	shěngjì	(名)	interprovincial
6. 城际	chéngjì	(名)	intercity
7. 基地	jīdì	(名)	base
8. 收购	shōugòu	(动)	buy, purchase

判断正误

1. 交通部规划的"7918网"高速公路发展计划,包括7条以首都为起点的高速公路。(　　)

2. "7918网"已经建成一半,还有4万多公里需要在将来建设。(　　)

3.《国家高速公路网规划》主要起草人李兴华表示,这一规划将把所有20万以上人口的城市用高速公路连接起来。(　　)

4. 李兴华表示,中国政府已经决定,逐渐将民间、外资建设的商业高速公路收归国有,免费提供给消费者。(　　)

阅读(二)

法国的地面交通

驾车

在法国,开车上路之前,必须保证能够辨别法国道路上的交通标志。您可以在网站上查看到路标的官方说明:www.legifrance.gouv.fr。网站上同样有对路牌的说明。

公路

法国的公路网非常发达：总长将近一百万公里，其中近8000公里为高速公路。高速路一般来说是要收费的。在书店和加油站可以买到各种道路指南和道路交通图……最有参考价值的是米其林(Michelin)和IGN出版的地图册。

租车

您可以在专门的租车办事处租到任何种类的交通工具，从自行车到卡车，尤其是小汽车(自行车租赁也可到大商店或修车铺)。

要在法国租汽车，必须年满20岁并持有驾驶执照1年以上。主要的汽车出租公司在大城市的火车站、机场和市内都设有办事处。

乘坐火车

实惠、快捷并舒适，火车是在法国出行的首选交通方式。法国的铁路网极其发达(尤其是从巴黎出发)，它依靠高速火车(TGV)或TER(地区快速列车)连接了所有的城市。

火车票价

火车票价的差异取决于座位的舒适度(火车上有两个舱位)和出行的时间(是否高峰时间)。

高速火车

每小时300公里的时速，TGV高速火车是一项让法国自豪的尖端技术，既准点又舒适：1小时从巴黎到里尔(Lille)，巴黎到马赛(Marseille)或巴黎到波尔多 (Bordeaux) 只需3个小时，2个小时从巴黎至雷恩(Rennes) ……车票最好预订，但上车前临时购买车票也可以。(http://france.sina.com.cn 2003年08月25日13:50 新浪法国)

生　词

1. 保证	bǎozhèng	（动）	assure, ensure
2. 辨别	biànbié	（动）	distinguish

3. 租车	zū chē		rent a car
4. 办事处	bànshìchù	(名)	office
5. 驾驶执照	jiàshǐ zhízhào		driving licence
6. 预订	yùdìng	(动)	book, reserve

选择正确答案

1. 在课文中,作者建议我们开车上路之前应该做好哪些准备?请指出课文没有提到的部分:
   1) 食品
   2) 辨别交通标志
   3) 使用高速公路的费用
   4) 道路指南和道路交通图 (　)
2. 要在法国租汽车,可以去哪些地方?请指出课文里没有提到的一个:
   1)大城市的火车站
   2) 大城市的机场
   3) 大城市汽车出租公司的市内办事处
   4) 修理汽车的修车铺 (　)
3. 在法国,人们出行时,首先选择的交通方式是什么?
   1) 骑自行车
   2) 租小汽车自己开
   3) 坐火车
   4) 坐飞机 (　)
4. 法国的火车票价和哪些方面有关系?
   1) 选择火车上的哪种舱位
   2) 是不是在高峰时间出行
   3) 是预订还是上车前临时购买
   4) 只包括1)和2) (　)

阅读(三)

泰国地铁优待期后乘客减半

(法新曼谷电)曼谷地铁的廉价票优待期结束后,开始实施新票价,结果乘客几乎减少了一半,泰国政府因此要求地铁公司尽快推出新的廉价票。

泰国交通部长素里雅说,曼谷地铁现在的乘客量几乎是以前10泰铢(大约2元人民币)票价时乘客量的一半。曼谷地铁正式营运一周后,在7月10日达到26万余人的客流量高峰,此后于8月12日调整了票价,乘客量就随之下降。

目前地铁的新票价在12泰铢至31泰铢之间。这对于泰国许多工人来说是太高了。

《民族报》引述素里雅的话说:"曼谷地铁公司应该研究票价并推出更多促销活动来吸引乘客。与此同时,政府也会设法找一些钱来弥补地铁公司减少的收入。"

不过,据报道,地铁公司声称,虽然现在每天的乘客人次只有15万,但公司现在的每日收入已从最初的200万泰铢增加到300万泰铢。(新闻:国际 2004-08-19)

生　词

1. 优待	yōudài	(动)	give special treatment
2. 廉价	liánjià	(形)	cheap
3. 营运	yíngyùn	(动)	working, running
4. 引述	yǐnshù	(动)	quote

专有名词

泰铢	Tàizhū	Thai baht

简要回答

1. 曼谷地铁的优待票价和新票价分别是多少钱?
2. 泰国政府如何看待地铁公司的新票价?
3. 地铁公司觉得目前的经营情况怎么样?

第27课

关于中式宴会改革的探讨

现在人们"卫生、防病、健康"的意识大增。餐饮工作者深刻认识到：餐饮行业要更好地担负起保障消费者饮食安全、卫生、营养的重任，中餐必须改革，特别是占据餐饮行业业务量80%以上的宴会，首当其冲。

中式宴会改革是一项难度很大的项目，不是餐饮企业单方面努力可以奏效，因为它涉及人们长期形成的传统饮食观念和生活习惯。早在20世纪90年代初期，餐饮行业主管部门和烹饪界有识之士就提出中式宴会改革的呼吁，由于种种原因，见效甚微。我认为，目前改革应该主要抓住以下几个方面：

一、推行"分食制"。这是中式宴会改革的重要内容，也是一大难点。主要是顾客观念一时转不过来，还是习惯那种大家一起吃的热闹气氛。但从长远角度来看，以及根据高档宾馆、饭店正在实行的"分食制"做法，我们相信，只要坚持不懈，这项改革还是行得通的。

二、宴会菜点合理配置，保持膳食均衡。目前，中式宴会普遍存在菜多量大，菜谱雷同，搭配欠佳，营养过剩等弊端。这方面的改良，首先是烹饪技术人员要改变观念，力争做到品种数量适当，设计不同风味的宴会菜谱，用创新代替山珍海味的堆积。

三、中式宴会改革还有一个重要课题，就是培训服务人员，优化服务规范。目前餐饮行业普遍存在重烹饪技术人才，轻餐饮服务质量的倾向。服务人员不仅要有热情、周到的态度，而且要熟练掌握各项服务技能，尤其是要得心应手地操作"派菜、分食"，并指导客人从中学到知识和诀窍，使客人真正享受美食风味与服务艺术融合的乐趣。

四、改善各类餐饮企业的用餐环境，也是宴会改革不容忽视的环节。现在绝大多数宾馆、饭店、酒楼片面追求装修设计的豪华气派，可是环境与空气质量不尽如人意。很多餐厅和包厢，处于封闭和半封闭状态，通风换气主要依赖空调解决。在这样的环境中聚餐，容易引起呼吸道疾病，危害身体健康。

五、逐渐消除宴会中的陋习，是宴会改革的又一大难点。陋习主要表现在：席间吸烟、饮酒过量，用餐费时，有的还出现猜拳、劝酒、酗酒等不文明现象。有的人还认为这是中国传统“宴会文化”的组成部分，所以，要消除这些陋习并非易事。但我们必须抓住当前全社会整治生活陋习的契机，坚持不懈地努力，先易后难，循序渐进，一定会收到理想的效果。（作者：宁波餐饮业与烹饪协会秘书长 **陈永祥**）

生 词

1. 餐饮	cānyǐn	（名）	restaurant
2. 首当其冲	shǒu dāng qí chōng		stand in the breach
3. 奏效	zòuxiào	（动）	be successful
4. 烹饪	pēngrèn	（名）	cooking
5. 膳食	shànshí	（名）	meal
6. 弊端	bìduān	（名）	abuse
7. 山珍海味	shān zhēn hǎi wèi		delicacies of every kind
8. 豪华	háohuá	（形）	luxury
9. 气派	qìpài	（形）	style
10. 陋习	lòuxí	（名）	bad habits
11. 猜拳	cāiquán	（动）	a type of drinking game
12. 酗酒	xùjiǔ	（动）	drink excessively
13. 循序渐进	xún xù jiàn jìn		in proper sequence

练　习

一、根据课文划线连接具有相同特点的词语

非典	“派菜、分食”
传统饮食观念	陋习
奏效	呼吸道疾病
“分食制”	见效甚微
烹饪技术人才	生活习惯
弊端	服务人员

二、划线搭配动词和名词

担负	陋习	推行	契机
改革	重任	抓住	“分食制”
保持	中餐	优化	乐趣
消除	均衡	享受	规范

三、判断对划线词语的解释是否正确

1. 餐饮行业要更好地担负起保障消费者饮食安全、卫生、营养的重任，中餐必须改革，特别是占据餐饮行业业务量80%以上的宴会，首当其冲。
   比喻首先应该解决的问题(　　)
2. 主要是顾客观念一时转不过来，还是习惯那种大家一起吃的热闹气氛。
   看法在短时间内不可能改变(　　)
3. 我们相信，只要坚持不懈，这项改革还是行得通的。
   比喻大家能够理解(　　)
4. 首先是烹饪技术人员要改变观念，力争做到品种数量适当，设计不同风味的宴会菜谱，用创新代替山珍海味的堆积。
   制作得非常漂亮的食品(　　)
5. 而且要熟练掌握各项服务技能，尤其是要得心应手地操作“派菜、分食”。
   熟练(　　)

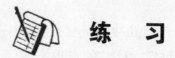

四、选择正确答案

1. 为什么说中餐改革,首当其冲的是宴会?
   1) 现在人们"卫生、防病、健康"的意识大增
   2) 餐饮工作者深刻认识到:餐饮行业应该保障消费者饮食安全、卫生、营养
   3) 中餐必须改革
   4) 宴会占据餐饮行业业务量的80%以上 ( )
2. 在这篇课文写作之前,已经有人提出过改革中式宴会,为什么效果不明显?
   1) 原因很多,课文中没有明确的解释
   2) 这种建议是在90年代初期提出的,时间太早了
   3) 提出这种建议的人和餐饮、烹饪行业没有关系,他们的意见没有得到重视
   4) 提出这种建议的人和餐饮、烹饪行业有关系,但是别人认为他们没有头脑 ( )
3. 作者在谈到培训服务人员,优化服务规范的时候,特别提到应该培训服务人员的哪些技能?
   1) 推行"分食制"
   2) 合理配置宴会菜品,保持膳食均衡
   3) 熟练地分配菜和食品
   4) 改善用餐环境 ( )
4. 在改善各类餐饮企业的用餐环境这个部分,作者特别强调了什么问题?
   1) 装修设计的豪华气派
   2) 环境与空气质量
   3) 席间吸烟、饮酒过量,用餐费时,有的还出现猜拳、劝酒、酗酒等不文明现象
   4) 菜多量大,菜谱雷同,搭配欠佳,营养过剩等弊端 ( )

快速阅读

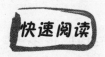

河北推行5种形式的中餐分餐制

新华社石家庄6月8日专电(记者　**王金涛**)河北省最近向全省饭店业推行5种形式的中餐分餐制。一是厨师分餐,即厨师在厨房将制作好的菜点成品按每人一份分配,由服务员上桌;二是服务员分餐,即服务员在餐桌上分餐;三是准备公筷、公勺,由顾客自行分餐;四是自助餐;五是套餐份饭。(来源:**新华社** 2003年6月08日15:36)

阅读(一)

北京的"老莫"餐厅

莫斯科餐厅是新中国成立后北京的第一家西餐厅,北京人亲切地称之为"老莫"。

1954年,包括莫斯科餐厅在内的苏联展览馆建筑群在北京建成。这座俄式建筑的富丽和豪华即使在今天仍然令人震撼。据说,建造时甚至使用了大量黄金。

餐厅经营的是俄式大餐,当时邀请的厨师中苏各占一半。由于菜式高档,环境华贵,服务一流,莫斯科餐厅很快扬名京城。这里所体现的俄罗斯民族的深厚文化传统,给中国人留下了美好的印象。

20世纪50年代初,来莫斯科餐厅就餐的大多是当时的苏联专家、官员和国外归来的知识分子。

进入80年代,莫斯科餐厅逐渐成为一家开放的、真正意义上的餐厅。虽然现在北京开了大大小小的数十家西餐厅,但是莫斯科餐厅仍然是其中的佼佼者。

餐厅经理许义婷说:“我们餐厅一个月的销售额,往往是其他很多餐厅一年的总量。”

现在,由于餐厅温暖、浓厚的怀旧气氛,来此就餐的客人多是家庭成员和朋友,而少有商务往来。很多人的父辈或者他们自己,都与俄罗斯文化有着某种联系。(来源:**新华社** 时间:2002-12-03 10:04:12)

生 词

1. 富丽	fùlì	(形)	magnificent
2. 震撼	zhènhàn	(动)	shake, vibrate
3. 华贵	huáguì	(形)	sumptuous, costly
4. 专家	zhuānjiā	(名)	expert, specialist
5. 佼佼	jiǎojiǎo	(形)	above average
6. 怀旧	huáijiù	(动)	yearn for the past

判断正误

1. 新中国成立以后的第一家西餐厅是在1954年建成的。( )

2. 莫斯科餐厅刚刚建成的时候经营的是俄式大餐,厨师全部来自前苏联。( )

3. 20世纪50年代初,到莫斯科餐厅吃饭的大多是当时的苏联专家、官员和那些从苏联来中国的知识分子。( )

4. 一直到80年代,莫斯科餐厅才变成一家真正对普通人开放的餐厅。( )

5. 现在,北京已经有几十家西餐厅,但是莫斯科餐厅仍然受到大家的欢迎。( )

6. 由于莫斯科餐厅环境很漂亮,各国商人们都喜欢到这里一边吃饭一边洽谈生意。( )

阅读(二)

世界各国“饭局”比较

中国饭局：最讲究的饭局

中国人的饭局讲究最多。在饭局上，靠里面正中间的位置要给最尊贵的人坐，上菜时依照先凉后热、先简后繁的顺序。吃饭时，应该等坐在正中间位置的人动第一筷后，众人才能跟着开始。

中国历来都是无酒不成席，劝酒是中国饭局最有特色的部分。为了使对方多饮酒，敬酒者会找出种种必须喝酒的理由。

俄罗斯饭局：酒的代名词

俄罗斯人的饭局不太讲究菜的质量和多少，只要有伏特加就行。喝口酒，吃口面包，再来一小口奶酪就是一桌绝佳的饭局。

在饭局上几杯伏特加下肚，能歌善舞的俄罗斯人就会雅兴大发，或翩翩起舞，或尽展歌喉，妙趣横生。朋友间的饭局一般要持续3到4个小时。

日本饭局：吃不饱的饭局

日本饭局上的气氛相对来说随和且轻松。日本人自称为“彻底的食鱼民族”，每年人均吃鱼一百多斤，超过大米消耗量。在日本人的饭局上，生鱼片象征着最高礼节。但客人不能放开肚皮吃，因为菜的数量极少。

德国饭局：啤酒的天下

德国人的饭局是名副其实的“大块吃肉、大碗喝酒”——吃猪肉喝啤酒。德国每人每年的猪肉消耗量为65公斤，居世界首位。饭局上的主菜就是各式香肠及火腿。那烧得烂熟的一整只猪腿，德国人在饭局上可以面不改色地一人干掉它。

美国饭局：最单调的饭局

美国人是全世界最“自由”的民族，一件T恤衫、一条牛仔裤就可以轻轻松松去赴饭局了。

在饭局开始时，美国人通常先要喝一杯冰水或者一小碗汤，然后是一盘沙拉,接着才开始吃一道主菜牛排或牛肉饼。主菜吃完后是水果和甜点。在美国的饭局上,一般是由服务员或主人将每道菜送到餐桌旁供客人取用。面包等食物也放在大盘子里根据需要自取。(2004-08-18 千龙新闻网)

生 词

1. 饭局	fànjú	(名)	banquet
2. 讲究	jiǎngjiu	(形)	cultured
3. 尊贵	zūnguì	(形)	valued, worshipful
4. 劝酒	quànjiǔ	(动)	urge sb. to drink(at a banquet)
5. 雅兴	yǎxìng	(名)	refined tastes
6. 翩翩起舞	piān piān qǐ wǔ		dance
7. 尽展歌喉	jìn zhǎn gē hóu		singing
8. 妙趣横生	miàoqù héngshēng		full of humour and wit
9. 生鱼片	shēngyúpiàn	(名)	sashimi
10. 象征	xiàngzhēng	(名)	symbolize, indicate
11. 礼节	lǐjié	(名)	ceremony
12. 烂熟	lànshú	(形)	thoroughly cooked
13. 猪腿	zhūtuǐ	(名)	ham
14. 面不改色	miàn bù gǎi sè		remain calm
15. 牛排	niúpái	(名)	beefsteak, steak

判断正误

1. 中国饭局的习惯是,地位最高的人开始吃饭以后,别人才能跟着开始。(　　)

2. 俄罗斯人的饭局要求有足够的伏特加和丰富多彩的菜,吃饭以后常常唱歌跳舞。(　　)

3. 在日本人的饭局上,生鱼片代表着最高礼节,而且饭菜的数量充足。(　　)

4. “那烧得烂熟的一整只猪腿，德国人在饭局上可以面不改色地一人干掉它。”的意思是，德国人制作猪腿的技术很好，不需要别人帮忙，一个人可以制作出很好吃的猪腿。( )

5. 美国饭局上菜的顺序是：一杯冰水或者一小碗汤、沙拉、主菜牛排或牛肉饼、水果和甜点。( )

阅读(三)

像法国人一样吃蜗牛

随着中国农业的发展，从前仅在电影里见过的火鸡、蜗牛等食物逐渐进入千家万户。

蜗牛种类很多，遍布全球。据有关资料记载，世界各地有蜗牛四万种。蜗牛与鱼翅、干贝、鲍鱼并列成为世界四大名菜，也是当今世界上最为走俏的七种野味之一。蜗牛是一种高蛋白、低脂肪、低胆固醇的上等食品。在西方，食用蜗牛已有悠久的历史，吃蜗牛是身份和地位的象征。

最好的食用蜗牛是法国蜗牛。在饮食讲究的法国，蜗牛的烹调方法五花八门，可作汤的配料，或用辣味烧汁、奶酪烩制。据说法国人每年要吃掉三亿多只蜗牛，由于生产数量有限，它的价格已上涨到每打几十法郎，但有时还是供不应求。(http://france.sina.com.cn 2004年04月12日 16:41 **南方网—南方都市报**)

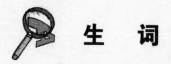

生 词

1. 蜗牛	wōniú	(名)	snail
2. 火鸡	huǒjī	(名)	turkey

3.	鱼翅	yúchì	(名)	fin, shark fin
4.	干贝	gānbèi	(名)	dried scallop
5.	鲍鱼	bàoyú	(名)	abalone
6.	野味	yěwèi	(名)	game, venison
7.	蛋白	dànbái	(名)	protein
8.	脂肪	zhīfáng	(名)	fat
9.	胆固醇	dǎngùchún	(名)	cholesterol
10.	汁	zhī	(名)	juice
11.	奶酪	nǎilào	(名)	cheese
12.	烩	huì	(名)	braise
13.	打	dá	(名)	dozen

简要回答

1. 以前普通的中国人吃火鸡、蜗牛等食物吗？
2. 人们为什么喜欢吃蜗牛？
3. 法国人怎样吃蜗牛？

第 28 课

2003年国民经济和社会发展统计公报（节选）

2003年，全国各族人民在党中央、国务院的正确领导下，沉着应对突如其来的非典疫情、多种自然灾害和复杂多变的国际形势，实现了经济和社会发展的主要预期目标。

一、综合

国民经济较快增长。全年国内生产总值116694亿元，按可比价格计算，比上年增长9.1%。

就业人数增加。年末全国就业人员74432万人，比上年末增加692万人。全年有440万下岗失业人员实现了再就业。

国际收支状况良好。全年对外贸易顺差255亿美元，比上年减少49亿美元。年末国家外汇储备达到4033亿美元，比上年末增加1168亿美元。

国民经济和社会发展中存在的主要问题是：农民收入增长缓慢；就业和社会保障任务较重；能源、交通供需关系紧张；不少低收入居民生活还比较困难，资源环境压力增大等。

二、农业

全年粮食产量43067万吨，比上年减产2639万吨，下降5.8%。肉类总产量比上年增长5.1%。牛奶产量增长迅速。水产品产量增长2.8%。蔬菜、水果稳定增长。

三、工业和建筑业

工业生产高速增长。全年比上年增长12.6%。工业产品销售率98.1%。

汽车工业增势强劲。全年汽车产量444.4万辆,增长36.7%,其中轿车产量202.0万辆,增长85.0%。

六、对外经济

对外贸易快速增长。全年进出口总额达8512亿美元,比上年增长37.1%。其中出口额4384亿美元,增长34.6%;进口额4128亿美元,增长39.9%。

七、交通、邮电和旅游

新增移动电话用户6269万户,年末达到26869万户。年末全国固定及移动电话用户总数达到53200万户,电话普及率达到42部/百人。

旅游业受非典疫情影响较大。全年入境人数9166万人次,比上年下降6.4%。国际旅游外汇收入174亿美元,下降14.6%。

九、教育和科学技术

首次载人航天飞行的圆满成功,使我国成为世界上第三个独立掌握载人航天技术的国家。

十、文化、卫生和体育

2003年上半年,24个省、自治区、直辖市先后发生非典疫情,累计死亡349人。非典疫情发生后,中央和地方政府增加了卫生投入,应对突发公共卫生事件应急机制逐步建立。

十一、人口、人民生活和社会保障

年末全国总人口为129227万人。全年净增人口774万人。

居民生活继续改善。居民家庭恩格尔系数(即居民家庭食品消费支出占家庭消费总支出的比重),城市为37.1%,比上年降低0.6个百分点;农村为45.6%,降低0.6个百分点。

十二、资源与环境

各种自然灾害比较严重。全年共发生5级以上地震29次,其中6级以上地震7次。共造成319人死亡,直接经济损失46.6亿元。

注：本公报为初步统计数。各项统计数据均未包括香港特别行政区、澳门特别行政区和台湾省。国家统计局2004年2月26日

生　词

1. 公报	gōngbào	（名）	communique
2. 节选	jiéxuǎn	（动）	brief, excerpt
3. 沉着	chénzhuó	（形）	composedly, quietly
4. 收支	shōuzhī	（名）	income and expenses

专有名词

1. 国内生产总值	Guónèi Shēngchǎn Zǒngzhí	gross domestic product, GDP
2. 恩格尔系数	Ēngé'ěr Xìshù	Engel's Series

练　习

一、根据课文划线连接具有相同特点的词语

正确领导	恩格尔系数
国民经济	沉着应对
就业	国内生产总值
国际收支状况	社会保障
粮食产量	国家外汇储备
非典疫情	工业产品
居民生活	载人航天技术

二、用下列动词组成动宾短语

领导______	掌握______
应对______	建立______
实现______	改善______
影响______	造成______

三、连句

1. A) 2003年
   B) 实现了经济和社会发展的主要预期目标
   C) 全国各族人民在党中央、国务院的正确领导下
   D) 沉着应对突如其来的非典疫情、多种自然灾害和复杂多变的国际形势
   正确的顺序是(　　　)
2. A) 按可比价格计算
   B) 比上年增长9.1%
   C) 全年国内生产总值116694亿元
   D) 国民经济较快增长
   正确的顺序是(　　　)
3. A) 全年进出口总额达8512亿美元
   B) 比上年增长37.1%
   C) 进口额4128亿美元，增长39.9%
   D) 其中出口额4384亿美元，增长34.6%
   正确的顺序是(　　　)

4. A) 24个省、自治区、直辖市
   B) 2003年上半年
   C) 累计死亡349人
   D) 先后发生非典疫情
   正确的顺序是(　　　)

四、选择正确答案

1. 公报认为,2003年中国取得的主要成绩是什么?
   1) 2003年,党中央、国务院的领导是正确的
   2) 2003年,全国各族人民沉着应对了突如其来的非典疫情、多种自然灾害
   3) 2003年,国际形势复杂多变
   4) 2003年,中国实现了经济和社会发展的主要预期目标　(　　)
2. 2003年,在以下四个代表中国综合经济实力的方面,水平有所下降的是:
   1) 国内生产总值
   2) 全国就业人数
   3) 全年对外贸易顺差
   4) 国家外汇储备　(　　)
3. 2003年,农业方面惟一有所下降的数字是:
   1) 全年粮食产量
   2) 肉类总产量
   3) 牛奶和水产品产量
   4) 蔬菜、水果产量　(　　)
4. 工业产品销售率98.1%的意思是:
   1) 工业产品产量的增长速度是98.1%
   2) 98.1%的工业产品已经销售出去
   3) 中国人使用的工业产品中,98.1%是由中国自己生产的
   4) 98.1%的工业产品已经出口　(　　)
5. 以下哪个方面的普及率达到42%?
   1) 汽车
   2) 电话
   3) 非典在全国的发生情况
   4) 地震在全国的发生情况　(　　)

6. 居民家庭恩格尔系数降低说明了什么?

1) 中央和地方政府增加了卫生投入,应对突发公共卫生事件应急机制逐步建立

2) 教育和科学技术取得了进步

3) 居民生活有所改善

4) 城乡差距越来越大 ( )

快速阅读

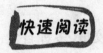

中国50个城市分项竞争力排名点评(节选)

按照200个城市的比较数据计算,中国城市综合竞争力排名中,居于前10位的依次是上海、北京、深圳、广州、苏州、杭州、天津、宁波、南京、温州。

在本次研究中,综合竞争力指标由人才竞争力、企业竞争力、生活环境竞争力、商务环境竞争力4大类指标综合而成。

阅读(一)

新疆维吾尔自治区2003年国民经济和社会发展统计公报(节选)

新疆维吾尔自治区统计局

新疆统计信息网 2004-02-26 10:06:12

2003年，国民经济增速加快，主要指标超额完成计划。初步测算，新疆生产总值1875亿元，比上年增长10.8%，增幅提高2.7个百分点。

全年居民消费价格总水平上升0.4%。其中城市上升0.5%，农村上升0.2%。从分类消费品价格指数看，食品类价格回升是导致消费价格总水平上涨的主要因素。食品上涨2.5%。在食品价格中，油脂类上涨14.8%，鲜菜上涨31.2%，干鲜瓜果上涨4.8%，粮食下降3.3%，肉禽及其制品下降1.9%，蛋类下降2.2%，水产品下降7.0%。

据抽样调查推算，城市居民人均可支配收入7220.61元，比上年增长6.9%；农村居民人均纯收入2106.43元，增长13.1%。年末城市居民人均住房使用面积17.81平方米，与上年持平；农村居民人均居住面积18.62平方米，增长0.3%。在岗职工平均货币工资13190元，增长13.7%，扣除物价上涨因素，实际增长13.2%。

生　词

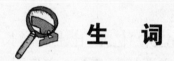

1. 指标	zhǐbiāo	(名)	target, quota
2. 超额	chāo'é	(动)	exceed quota
3. 指数	zhǐshù	(名)	index, indicator
4. 油脂	yóuzhī	(名)	grease
5. 支配	zhīpèi	(动)	control
6. 货币	huòbì	(名)	currency, money

判断正误

1. 2003年，新疆国民经济主要指标的完成情况比原来计划更好。(　　)
2. 新疆居民消费价格总水平上升的主要原因是食品类价格回升。(　　)
3. 在食品价格中，油脂类、鲜菜、干鲜瓜果、粮食、肉禽及其制品、蛋类、水

产品的价格都有所上升。( )

4. 新疆城市居民人均可支配收入及其增长速度高于农村居民人均纯收入及其增长速度。( )

5. 2003年末,城市和农村居民人均住房使用面积都有所提高。( )

阅读(二)

2003年湖南省国民经济和社会发展统计公报(节选)

湖南省统计局

湖南省统计局内部信息网 2004-02-10 15:31:24

2003年,全省GDP为4633.73亿元,比上年增长9.6%,为1998年以来增速最快的一年,其中第一产业增加值885.87亿元,增长3.6%;第二产业增加值1793.71亿元,增长12.6%;第三产业增加值1954.15亿元,增长9.6%。按常住人口计算,人均GDP为7247元。三次产业结构为19.1:38.7:42.2。在(深圳)投资洽谈会上,省级合同引进外资和内资分别为20.9亿美元和119.15亿元。全省农村外出务工人员1199.41万人,增长6%,劳务总收入539亿元,增长8%。

人民生活不断改善。城乡居民的消费方式、消费渠道和消费结构发生重大变化。2003年,城镇居民人均消费性支出6082.6元,增长9.1%,考虑价格因素,实际增长7.6%,其中交通及通信消费支出680.2元,教育文化娱乐消费支出994元,医疗保健消费支出391.3元,分别增长14.1%、12.5%和13.9%;城镇居民恩格尔系数为35.8%;平均每百户家庭拥有家用电脑26.7台;人均住房建筑面积23.3平方米,增加0.9平方米。农村居民人均生活消费总支出2139元,增长3.4%;农村居民恩格尔系数为51.9%;平均每百户家庭拥有彩色电视机49.6台,电话机41.4台,移动电话机15.4台;人均住房面积35平方米,增加1平方米。

生　词

劳务	láowù	work

判断正误

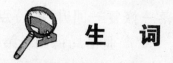

1. 2003年,湖南国内生产总值的增长速度是1998年以来最快的。(　　)
2. 湖南第二产业的增长速度超过第一、第三产业。(　　)
3. 从三次产业结构来看,产值最高的是第二产业。(　　)
4. 湖南城镇居民人均消费性支出当中,教育文化娱乐消费支出增长速度最快。(　　)
5. 湖南农村居民家庭食品消费支出占家庭消费总支出的比重超过一半。(　　)

阅读(三)

2003年北京市国民经济和社会发展统计公报(节选)

北京市统计局

北京统计信息网 2004-02-16 09:21:21

经济实力:国民经济保持快速健康发展。初步统计,2003年全市实现生产总值3611.9亿元,比上年增长10.5%,实现了预期增长目标,经济增长率连续5年保持在10%以上。人均生产总值达到31613元,比上年增长9.2%,按当前汇率折算,约合3819美元。

运行趋势：全市经济经受住了上半年“非典”疫情的严峻考验，全年经济运行呈现“高开—回落—恢复—回升”的特点。

产业结构：“三、二、一”产业格局稳固。第一产业实现增加值95.3亿元，比上年增长3.3%；第二产业1298.5亿元，增长11.9%；第三产业2218.2亿元，增长10%。三类产业比重分别为2.6%、36.0%和61.4%，其中第二产业比重比上年提高1.2个百分点。

旅游：受“非典”疫情影响，上半年旅游业遭受重创，下半年旅游市场逐步恢复。全年接待海外游客为185.1万人次，比上年下降40.4%。旅游外汇收入19.0亿美元，下降38.9%。接待国内旅游者8737.0万人次，比上年减少24.0%；旅游收入706亿元，比上年减少23.9%。

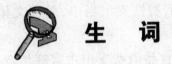

生 词

1. 折算	zhésuàn	（动）	convert
2. 重创	zhòngchuàng	（动）	inflict heavy losses on

简要回答

1. 北京2003年国民经济发展的总体情况怎么样？
2. 北京产业结构的特点是什么？
3. “非典”疫情对什么行业的打击最严重？

第 29 课

循环经济推动产业升级

(本报记者 **康韧 高杰** 实习记者 **步雪琳**) 淘汰980家污染严重、高耗低效的落后生产企业,大力发展高新技术产业,率先在全国推行清洁生产,促进经济增长模式的转变,把经济发展引导到“循环圈”中,加快太湖流域产业结构优化升级,是江苏省治理太湖流域的又一大特色。

为了给经济发展争取更好的环境,去年江苏省推出了《关于加强生态环境保护和建设的意见》,旗帜鲜明地把“改变经济增长方式,大力发展循环经济”作为生态保护与建设的“第一要务”。

自去年9月以来,江苏省分别在全省工业、农业、第三产业和社区精心选择了90多家单位,作为省级循环经济示范试点单位。并在太湖流域大规模开展水污染防治的基础上,以“全面、协调、可持续”发展为目标,建设7个省级电子信息产业基地和5个软件园,加快发展电子信息产业,使之成为太湖流域的第一支柱产业。

苏州市努力建设新型工业化体系,把循环经济发展规划纳入《苏州建设纲要》。苏州所辖的昆山、张家港等3个县级市和苏州工业园区、苏州高新区也编写了循环经济规划。市委、市政府提出,力争20年以内将苏州建成一个人与环境和谐、集生态型工业、生态型农业、生态型城镇于一体的新型生态城市。

扬州市对全市2400多家劳动密集型企业“动大手术”,通过因地制宜,分类指导,大力推进副产品或废弃物的再利用和再循环,加速传统企业的“升级换代”。目前,扬州市在51家企业通过清洁生产审计的基础上,又选定10家企业开展循环经济试点,使昔日大量废弃物重新“上岗就业”。据统计,仅此年获得直接经济效益4099万元,节约水资源1137万吨,节电25.8万度,同时减少了污染物排放。

江苏省循环经济试点不仅在工业领域取得了成效,在广袤的农村也呈现出勃勃生机。昆山市结合农业种植结构调整和养殖业升级换代,积极打造农业与养殖业生态链,推进循环型农业建设。目前,全市已开始建设4座秸秆气化站,建成了一批有机食品、绿色食品生产基地和现代化农业示范区。

几年来,江苏省通过调整产业结构和企业转型积极进行源头控制,减少排污30%以上。

在积极改革创新的基础上,江苏省还着眼于建立循环经济法规和政策体系。同时,加强政策引导,如建立了循环经济基金、可回收保证金等制度,对资源回收采取政策鼓励、提供贷款等。

(http://www.sina.com.cn 2004年05月14日15:56 **中国环境报**)

生 词

1. 循环经济	xúnhuán jīngjì		economic cycle, business cycle
2. 模式	móshì	(名)	model, pattern
3. 流域	liúyù	(名)	river basin, drainage area
4. 产业结构	chǎnyè jiégòu		industrial structre
5. 生态环境	shēngtài huánjìng		ecosystem, environment
6. 旗帜鲜明	qízhì xiānmíng		show one's colors
7. 要务	yàowù	(名)	important affairs
8. 示范	shìfàn	(动)	demonstration
9. 辖	xiá	(动)	administer
10. 和谐	héxié	(形)	harmonious
11. 因地制宜	yīn dì zhì yí		adjust measures to local conditions
12. 广袤	guǎngmào	(形)	vast, wide
13. 养殖	yǎngzhí	(动)	breed aquatics

14. 链	liàn	（名）	chain
15. 秸秆	jiēgǎn	（名）	sorghum stalk
16. 着眼于	zhuóyǎn yú		with a view to, with an eye to
17. 保证金	bǎozhèngjīn	（名）	deposit, down payment, security

专有名词

1. 太湖	Tài Hú	Tai Lake
2. 苏州市	Sūzhōu Shì	Suzhou, a city in Jiangsu Province
3. 昆山	Kūnshān	Kunshan, a city in Jiangsu Province
4. 张家港	Zhāngjiāgǎng	Zhangjiagang, a city in Jiangsu Province
5. 扬州市	Yángzhōu Shì	Yangzhou, a city in Jiangsu Province

练　习

一、根据课文划线连接具有相同特点的词语

淘汰	循环经济
经济增长模式	推行
产业结构优化升级	试点
示范	扬州市
苏州市	升级换代

二、划线搭配动词和名词

淘汰	循环经济	纳入	贷款
促进	生态	推进	纲要
发展	企业	减少	排放
保护	转变	提供	再利用和再循环

三、指出划线动词的宾语中心词

1. 率先在全国推行清洁生产,促进经济增长模式的转变。(　　)

2. 去年江苏省推出了《关于加强生态环境保护和建设的意见》,旗帜鲜明地把"改变经济增长方式,大力发展循环经济"作为生态保护与建设的"第一要务"。(　　)

3. 并在太湖流域大规模开展水污染防治的基础上,以"全面、协调、可持续"发展为目标,建设7个省级电子信息产业基地和5个软件园。(　　)

4. 市委、市政府提出,力争20年以内将苏州建成一个人与环境和谐,集生态型工业、生态型农业、生态型城镇于一体的新型生态城市。(　　)

5. 昆山市结合农业种植结构调整和养殖业升级换代,积极打造农业与养殖业生态链,推进循环型农业建设。(　　)

四、判断正误

1. 江苏省治理太湖流域的一大特色是加快太湖流域产业结构优化升级。(　　)

2. 江苏省生态保护与建设的"第一要务"是"改变经济增长方式,大力发展循环经济"。(　　)

3. 江苏省希望在全省工业、农业、第三产业和社区精心选择的90多家单位,变成太湖流域的第一支柱产业。(　　)

4. 苏州市已经是一个人与环境和谐,集生态型工业、生态型农业、生态型城镇于一体的新型生态城市。(　　)

5. 扬州市调整改造了全市2400多家劳动密集型企业。(　　)

6. 江苏省广袤的农村全面实现了循环经济,呈现出勃勃生机。(　　)

快速阅读

野生东北虎再现黑龙江

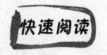

中新网5月14日电 据香港文汇报报道,位于黑龙江完达山原始森林

边缘的虎林市东方红镇继去年在镇郊山林中发生过东北虎伤人事件后,今年春节过后不久,人们在镇郊山上又相继多次发现东北虎爪印。

黑龙江省林业局有关人士介绍,目前,有野生东北虎出现的黑龙江省东宁县与东方红镇及林业部门已开始有关调查工作,并提请居民加强防范,在此基础上,在通往进山道路间设岗查验,以防偷猎者和其他人伤害东北虎。(时波)(http://www.sina.com.cn 2004年05月14日 17:06 中国新闻网)

阅读(一)

经济发展惊人但是环境破坏巨大

(北京综合讯)一些企业和地方过度重视经济利益而忽略环境的做法,受到了当地媒体的批评。《人民日报海外版》昨天发表题为《莫把赚来的钱都治了病》的署名文章说,"人们的生活质量甚至生命安全因部分企业和单位'作践'环境而受到了严重威胁。这些以牺牲环境为代价而获取经济利益的做法切不可再进行下去了"。

中国政府已经意识到经济活动破坏生态环境的问题,并采取了一些措施。据《中国青年报》报道,国家环保总局7月13日首次向媒体公布了城市空气污染黑名单。

环保总局列出了113个国家环境保护重点城市的空气污染综合指数,其中空气污染最严重的10个城市是山西的临汾、阳泉、大同,宁夏的石嘴山,河南的三门峡、洛阳,甘肃的金昌,河北的石家庄,陕西的咸阳,以及湖南的株洲。

这次排名空气质量最好的是海口市,其空气综合污染指数是0.61;排在"黑名单"首位的临汾,该指数高达7.46;"黑名单"上的10个城市,综合污染指数都在4.5以上。(张从兴 2004-07-08)

生 词

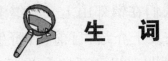

1. 莫	mò	(副)	not, don't
2. 作践	zuòjian	(动)	humiliate, spoil, waste
3. 切	qiè	(副)	be sure to
4. 黑名单	hēimíngdān	(名)	blacklist

选择正确答案

1.《莫把赚来的钱都治了病》的署名文章认为,以下哪个方面受到了严重威胁?

1) 人们的生活质量甚至生命安全

2) 部分企业和单位

3) 环境

4) 包括1)和3) ( )

2.《莫把赚来的钱都治了病》的署名文章认为,以下哪种做法切不可再进行下去了?

1) 只考虑环境,不考虑经济利益

2) 不了解环境的价值,也不知道怎样追求经济利益

3) 为了得到经济利益不考虑甚至破坏环境

4) 为了环境,牺牲经济利益 ( )

3. 环保总局列出了113个国家环境保护重点城市的空气污染综合指数,从提到的城市来看,哪个省(自治区)的严重空气污染城市最多?

1) 湖南

2) 河南

3) 宁夏

4) 山西 ( )

4. 环保总局列出了113个国家环境保护重点城市的空气污染综合指数,从提到的城市来看,空气质量最好的是哪个城市?

1）临汾
2）海口
3）咸阳
4）石家庄　（　　）

阅读(二)

中国水环境保护的思想正在发生重大转变

（本报讯）国家环保总局副局长潘岳4月20日应邀在中日民间水论坛发表演讲。他指出，中国政府高度重视水环境保护，中国水环境保护的思想正在发生重大转变。

潘岳说，中国正在重新认识水坝和环境的关系，水利建设和防洪思想中逐步渗透了环境保护的理念。我们也正在虚心学习包括日本在内的许多国家的先进经验。

潘岳说，水是新世纪的战略资源。中国人均水资源2200立方米，只及世界平均水平的1/4，北方和西部部分地区已处于国际公认的极度缺水程度。水环境问题已成为制约经济发展、影响社会稳定、危及人身健康的重要因素。

潘岳说，中国政府高度重视水环境保护，将其作为环境保护的重点。中国颁布了《水污染防治法》等17项水污染防治的法律法规、部门规章和技术政策。发布了《地面水环境质量标准》等21项水环境保护标准。国家还确定了3条河流（淮河、海河、辽河）、3个湖泊（太湖、滇池、巢湖）、南水北调、三峡库区等水污染治理重点工程，水污染的趋势得到初步控制，尤其是太湖水质得到改善。（http://www.sina.com.cn 2004年04月21日10:36 **中国环境报**）

生 词

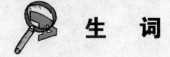

1. 水坝	shuǐbà	(名)	dam
2. 防洪	fánghóng	(动)	prevent or control flood
3. 公认	gōngrèn	(动、形)	recognize, acknowledge
4. 规章	guīzhāng	(名)	regulations, rules
5. 水质	shuǐzhì	(名)	water quality

专有名词

1. 淮河	Huái Hé	Huai River
2. 海河	Hǎi Hé	Hai River
3. 辽河	Liáo Hé	Liao River
4. 滇池	Diānchí	Dian Lake
5. 巢湖	Cháo Hú	Chao Lake

判断正误

1. 国家环保总局副局长潘岳指出,中国水环境保护的思想正在发生重大转变。比如说,中国正在重新认识水坝和环境的关系,把水利建设和防洪与环境保护结合起来。(　　)

2. 潘岳说,水是新世纪的战略资源。但是中国北方和西部部分地区人均水资源只有2200立方米,只及世界平均水平的四分之一。(　　)

3. 将来,中国的水环境问题可能会限制中国的经济发展,影响中国的社会稳定,危害中国人的人身健康。(　　)

4. 潘岳说,水环境是中国环境保护的重点。(　　)

5. 潘岳说,中国水污染的趋势已经得到全面控制,尤其是太湖水质得到改善。(　　)

阅读(三)

浙江舟山海域发生特大赤潮
面积达1万平方公里

中新社北京五月十四日电 (记者　**赵胜玉**) 国家环保总局副局长、新闻发言人潘岳今天紧急通报浙江舟山附近海域发生面积约八千至一万平方公里的特大赤潮灾害。

据介绍，本次赤潮为中国今年进入赤潮高发期以来的最大一起赤潮灾害事件。鉴于本次赤潮毒素成分，潘岳呼吁，应警惕在该海域捕捞的水产品对人体健康可能产生的影响。

据潘岳介绍，国家环保总局舟山海洋生态环境监测中心站监测到，五月二日起，中国浙江中南部海域出现赤潮，到五月十日已发展为最长二百公里、最宽一百公里的特大赤潮。估计赤潮还将持续一段时间。

潘岳说，造成赤潮发生原因多种多样，海水富营养化是赤潮发生的物质基础和重要条件。据估计，陆源污染比例占浙江近岸海域污染总量的百分之七十以上。其次，海水养殖也是造成水体富营养化的原因之一。

潘岳说，国家环保总局正采取有力措施，实施江苏、浙江、上海三省市入海排污的总量控制，特别是加强长江流域氮、磷排放总量的控制，共同保护该区域海洋生态环境。(http://www.sina.com.cn 2004年05月14日 16:36 **中国新闻网**)

生　词

1. 海域	hǎiyù	(名)	sea area
2. 赤潮	chìcháo	(名)	red tide

3. 毒素	dúsù	(名)	toxin, poison
4. 捕捞	bǔlāo	(动)	catch (fish)
5. 富营养化	fùyíngyǎnghuà		well-fed
6. 氮	dàn	(名)	nitrogen
7. 磷	lín	(名)	phosphorus

简要回答

1. 这次赤潮发生在什么地方,面积有多大,有什么危害?
2. 是哪些原因造成了浙江舟山海域的赤潮?

第 30 课

张立勇的故事

（本报记者　**戚海燕**）托福满分670分，清华学生考过600分也不易，可一个每天三顿为清华学子切菜卖饭的农民工，头回上场就爆出冷门——

张立勇今年29岁，做农民工10年，如今即将拿到北大国际贸易专业本科文凭。

从包装箱上的英文说明学起

张立勇和千千万万农家子弟一样，做过考大学的梦。但高二时，被迫中断学业，出外打工。妈妈在他的包里装上了高中课本，张立勇安慰爸爸妈妈说：“别难过，我只是暂时把上大学的梦往后推。”

他南下广州，先落脚在一个中外合资的玩具厂。这里的玩具都销往国外，订单是英文的，纸箱上的字是英文的，标的尺寸也是英文的。张立勇为了学习英文，拿出高中英语课本，又买来英语词典，对照着包装箱上的英文，一个字一个字把它们翻译成汉语。

清华园里多了一名特殊学生

1996年，在叔叔的帮助下，21岁的张立勇来到了清华大学第15食堂当一名切菜工。

张立勇将自己感兴趣的英语作为突破口，开始了自学。早上起来学1小时，午休时学40分钟，白天在食堂工作八九个小时，晚7时半下班学到凌晨一两点。

八年了，他天天坚持按时间表的安排去学习。寒冬腊月，没有暖气，他围着炉子看书。酷暑炎夏,蚊子嗡嗡,他摇着扇子写字。后来,教学楼里的公共教室多了一位农民工。第一次去教室看书,他生怕被学生认出来。去的次数多了,他逐渐融入了清华学生群体。

后来,清华、北大、人大的英语角,逐渐多了一位农民工。八年来,他几乎每周坚持去一次。他大声问候每一个熟悉或不熟悉的中国人和外国人,大胆地与他们海阔天空地交谈。

北京城是他移动的英语词典

对张立勇来说,北京城是移动的英语词典,每一块广告牌,每一个饭店名称,每一个地铁站口,只要有英文,他就记。甚至泡一袋方便面,他也能学5个单词:盐、糖、味精、脱水菜、调味包。

张立勇开始引起清华学生关注是在一次卖馒头时脱口而出一句英语后。

那天中午,学生下课晚了,窗口挤满了人,他脱口而出:“Would you please wait for a while?”声音不大,但清晰有力,学生们愣住了。“Thanks for your patience”张立勇笑着又加了一句。

为检验学英语的成果,张立勇参加了当年的托福考试。成绩下来,是630分。一时间,在水木清华BBS上,关于张立勇的话题成了热点。

去年暑假,清华大学开办服务人员英语培训班,张立勇被指定为主讲教师。一个农民工带动了更多的同伴学习。

张立勇说,他的打算是几个月后拿下北京大学国际贸易专业本科文凭,圆一个迟到十年的大学梦。他还自学了计算机课程和新闻采访课程。他相信,2008年北京奥运会时,肯定能找到更适合自己的人生舞台。

今年春节前,张立勇收到了一封来自澳大利亚的电子邮件,寄信人名叫迪姆,一年前曾在清华留学,与张立勇在英语角相识后成了好友。在信中,迪姆写道:“馒头神”,你是我认识的最了不起的中国年轻人。

(http://www.sina.com.cn 2004年05月14日10:43 **北京日报**)

生　词

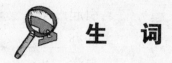

1. 切菜	qiē cài		cut vegetables
2. 中断	zhōngduàn	(动)	interrupt, suspend
3. 学业	xuéyè	(名)	school work
4. 订单	dìngdān	(名)	order for goods
5. 寒冬腊月	hándōng làyuè		severe winter, dead of winter
6. 酷暑炎夏	kù shǔ yán xià		hot summer
7. 海阔天空	hǎi kuò tiān kōng		unrestrained and far -ranging
8. 味精	wèijīng	(名)	monosodium glutamate, MSG
9. 脱水菜	tuōshuǐcài	(名)	freeze dried food, dehydrated food
10. 调味包	tiáowèi bāo		flavor packet
11. 脱口而出	tuō kǒu ér chū		blurt out, escape sb.'s lips

练　习

一、根据课文划线连接具有相同特点的词语

670	国际贸易专业本科文凭
中断学业	630
切菜工	自学
寒冬腊月	馒头神
公共教室	酷暑炎夏
海阔天空	英语角
服务人员英语培训班	脱口而出

二、用下列动词组成动宾短语

爆出________　　　　问候________

中断＿＿＿＿　　　　引起＿＿＿＿
翻译＿＿＿＿　　　　开办＿＿＿＿
融入＿＿＿＿　　　　自学＿＿＿＿

三、比较A、B两句的意思是否相同

1. A) 可一个每天三顿为清华学子切菜卖饭的农民工,头回上场就爆出冷门——
   B) 可是一个每天为清华大学学生切菜卖饭的农民工,第一次参加就取得了大家没有预料到的成绩——　(　　)
2. A) 张立勇安慰爸爸妈妈说:"别难过,我只是暂时把上大学的梦往后推。"
   B) 张立勇安慰爸爸妈妈说:"不要难过,我现在不能上大学,以后一定要上。"　(　　)
3. A) 他大声问候每一个熟悉或不熟悉的中国人和外国人,大胆地与他们海阔天空地交谈。
   B) 他大声问候每一个熟悉或不熟悉的中国人和外国人,大胆地与他们讨论关于海洋和天空的问题。　(　　)
4. A) 他相信,2008年北京奥运会时,肯定能找到更适合自己的人生舞台。
   B) 他相信,2008年北京奥运会时,肯定能找到更适合自己的工作机会和发展方向。　(　　)

四、选择正确答案

1. 按照课文的说法,清华大学学生参加托福考试的成绩一般是多少?
   1) 670分
   2) 630分
   3) 600分
   4) 很难超过600分　(　　)
2. 张立勇是从多大开始打工的?
   1) 10岁
   2) 19岁
   3) 21岁
   4) 29岁　(　　)
3. 张立勇是从什么时候开始自学的?

1）29岁的时候

2）在广州的玩具厂打工的时候

3）进入清华大学第15食堂以后

4）认识一个名叫迪姆的澳大利亚人以后　　（　　）

4. 张立勇先后自学了哪些知识和课程，请指出课文没有提到的一个：

1）英语

2）国际贸易专业本科课程

3）烹饪

4）计算机课程和新闻采访课程　　（　　）

5. 张立勇的英语水平表现在哪些方面，请指出课文没有提到的方面：

1）翻译英语小说

2）流利的英语口语

3）托福成绩

4）清华大学服务人员英语培训班的主讲教师　　（　　）

阅读（一）

"清华神厨"疲于受访请病假

"我请了病假，在家里休息。"昨日上午，电话中的张立勇显得非常疲惫和无奈，"除了来信和电话，每天还要接待大量的来访者，身体都撑不住了。"

据张立勇估计，到目前为止，亲自上门来请教学习英语的不下100人次，而且大部分都是家长和孩子一起来，大部分来自北京以及邻近省份。

"此外，每天还有来自全国各地的大量信件。"他的语气很平静。张立勇说，现在，他几乎每天都能收到全国各地的来信多达几十封，以前几乎来信必复，但后来信件越来越多，他根本回复不过来。"虽然大部分都是关于英语学习的，但有相当一部分让人哭笑不得，甚至问他的年龄、生肖、星座等等。"此外,每天全国各地的电话也让他应接不暇,少的七八个,多则一天达到几十个。

虽然已经取得国际贸易专业大专文凭,但他还没有确定自己的职业和未来,他没有想到,自己会那么快出名,而且有那么多的人想学好英语。(晨报记者　**李锐**)(http://www.sina.com.cn 2004年08月27日04:32 **新闻晨报**)

生　词

1. 疲惫	píbèi	(形)	exhausted, tired
2. 无奈	wúnài	(形)	helpless
3. 撑	chēng	(动)	support, prop up
4. 哭笑不得	kū xiào bù dé		not know whether to laugh or to cry
5. 生肖	shēngxiào	(名)	the animal zodiac
6. 星座	xīngzuò	(名)	constellation

判断正误:

1. 由于每天应付大量的来信、电话和来访,张立勇觉得非常疲惫但是非常愉快。(　　)

2. 来访的人多数是北京和北京周围的,而信件来自全国各地。(　　)

3. 张立勇觉得,有一些来信请教的问题是和英语学习没有关系的。(　　)

4. 由于已经取得国际贸易专业大专文凭,张立勇为自己确定了新的工作和发展方向。(　　)

阅读(二)

藏传佛教最高学位考试将恢复

中国佛教协会西藏分会秘书长平措次仁昨天告诉记者,藏传佛教最高学位(格西拉让巴)晋升考试即将恢复,预计今夏完成预考程序。

平措次仁秘书长接受记者专访时透露,依照传统程序,这个最高学位考试要经过三个门槛,以今次为例,恢复后的本届考试的预考在今夏进行;接着是中考,在今冬进行;最后是在传授大法会上取得最高学位"格西拉让巴"资格。

考生来自西藏自治区各大寺庙。至于将有多少人取得本届最高学位,平措次仁秘书长的回答是,"不会超过十人"。

平措次仁介绍说,最高学位考试一九八五年恢复,一九八六年的考试也顺利进行,一九八七年以后因故再次中断。

平措次仁说,西藏恢复最高佛学学位晋升的举措,得到了西藏宗教界人士和广大信教群众的拥护。西藏已经成立了一个最高佛学学位晋升领导小组,同时还成立了由著名宗教人士和知识分子组成的十数人的考核委员会。(徐足之)(中新网 2004年7月22日)

生 词

1. 晋升	jìnshēng	(动)	promote to a higher office
2. 寺庙	sìmiào	(名)	temple

专有名词

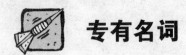

藏传佛教	Zàngchuán Fójiào	Tibetan Buddhism

判断正误

1. 格西拉让巴是藏传佛教的最高学位。(　　)

2. 依照传统程序,举行最高学位考试的地方有三个大门,考试的时间很长。(　　)

3. 平措次仁秘书长介绍说,考生来自西藏自治区各大寺庙。但人数不多,不会超过十人。(　　)

4. 最高学位考试曾经在1985和1986年举行过,1987年以后中断了。(　　)

5. 西藏自治区高度重视这次考试,成立了由著名宗教界人士和信教群众组成的考核委员会。(　　)

阅读(三)

故宫博物院等"五一"起对未成年学生免费开放

根据文化部、国家文物局的通知,从5月1日起,全国各级博物馆、纪念馆、美术馆要对未成年人集体参观实行免票等措施。

在昨天的情况介绍会上,故宫博物院说:每周二(不含法定节假日)中小学校(含大专院校历史、建筑、美术等相关专业)持学校介绍信20人以上集体参观,由讲解员带领在指定路线实行免票;1.2米以下儿童免费;六一儿童节儿童免费;大、中、小学学生(含港、澳、台)凭学生证购门票优惠。

此外，中国美术馆将从5月1日起实行新的售票办法，未成年人20人以上(含20人)集体参观实行免票。国家图书馆将每月的第一个周一定为“少年儿童接待日”，接待有组织的少年儿童参观。梅兰芳纪念馆将免费开放时间定为每周二。鲁迅博物馆将从5月1日起对六类人群免费开放。每周五12:00—16:30为国家博物馆学生免费时段，普通高校学生、中小学生凭学生证免费参观，但研究生、留学生除外。(文/**郭佳**)

(2004-04-28 17:04更新 来源：**北京青年报**)

生 词

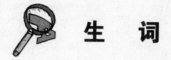

1. 法定	fǎdìng	(形)	legal, statutory
2. 持	chí	(动)	hold
3. 介绍信	jièshàoxìn	(名)	letter of introduction
4. 除外	chúwài	(介)	except

专有名词

1. 梅兰芳 Méi Lánfāng
   Mei Lanfang (a famous 20th century Peking Opera actor)
2. 鲁迅 Lǔ Xùn
   Lu Xun (a famous early 20th century Chinese author)

简要回答

1. 故宫博物院实行免费和优惠的条件是什么?

2. 中国美术馆、国家图书馆、梅兰芳纪念馆、鲁迅博物馆对学生实行哪些优惠措施?

词 汇 表

A

阿波罗	Ābōluó	24
阿拉伯海	Ālābó Hǎi	23
爱尔兰	Ài'ěrlán	18
爱沙尼亚	Àishāníyà	18
安全套	ānquántào	19
奥地利	Àodìlì	18

B

巴拿马运河	Bānámǎ Yùnhé	20
百分比	bǎifēnbǐ	19
办事处	bànshìchù	26
保健	bǎojiàn	21
保龄	bǎolíng	25
保险	bǎoxiǎn	21
保证	bǎozhèng	26
保证金	bǎozhèngjīn	29
报价	bàojià	18
鲍鱼	bàoyú	27
爆满	bàomǎn	25
北海道	Běihǎidào	22
北航	Běiháng	16
本科	běnkē	21
比利时	Bǐlìshí	18
比什凯克	Bǐshíkǎikè	24
笔者	bǐzhě	25
必修课程	bìxiū kèchéng	22

撑	chēng	30
城际	chéngjì	26
乘兴而来	chéng xìng ér lái	18
持	chí	30
池田勇人	Chítián Yǒngrén	24
赤潮	chìcháo	29
初步	chūbù	19
出事	chūshì	23
出游	chūyóu	18
除外	chú wài	30
除夕	chúxī	25
处方	chǔfāng	19
储备	chǔbèi	18
储量	chǔliàng	23
矗立	chùlì	24
传神	chuánshén	24
船舱	chuáncāng	16
创意	chuàngyì	17
纯净水	chúnjìngshuǐ	20
刺绣	cìxiù	22
脆弱	cuìruò	19

D

打	dá	27
打鱼	dǎ yú	22
大平正芳	Dàpíng Zhèngfāng	24
大师	dàshī	17
大藏省	Dàzàngshěng	24
大张旗鼓	dà zhāng qí gǔ	17
丹麦	Dānmài	18
胆固醇	dǎngùchún	27
淡季	dànjì	18
诞辰	dànchén	24
氮	dàn	29

放飞	fàngfēi	25
放射线	fàngshèxiàn	26
肺腑之言	fèifǔ zhī yán	24
芬兰	Fēnlán	18
分歧	fēnqí	20
奋战	fènzhàn	22
丰功伟绩	fēnggōng wěijì	24
讽刺	fěngcì	17
奉行	fèngxíng	24
富丽	fùlì	27
富营养化	fùyíngyǎnghuà	29
覆盖	fùgài	21
负面	fùmiàn	23
阜新市	Fùxīn Shì	22
赴宴	fù yàn	24

G

概	gài	18
干贝	gānbèi	27
干涸	gānhé	20
甘肃	Gānsù	23
感慨	gǎnkǎi	24
感染	gǎnrǎn	19
跟踪	gēnzōng	16
哽咽	gěngyè	22
公报	gōngbào	28
公立	gōnglì	22
公认	gōngrèn	29
公顷	gōngqǐng	22
攻势	gōngshì	17
勾画	gōuhuà	24
构思	gòusī	24
购置	gòuzhì	26
孤儿	gū’ér	19

古迹	gǔjì	20
固原	Gùyuán	22
广袤	guǎngmào	29
规划	guīhuà	19
规章	guīzhāng	29
轨	guǐ	16
桂林	Guìlíng	25
国家食品药品监督管理局	Guójiā Shípǐn Yàopǐn Jiāndū Guǎnlǐ Jú	19
国内生产总值	Guónèi Shēngchǎn Zǒngzhí	28

H

海河	Hǎi Hé	29
海阔天空	hǎi kuò tiān kōng	30
海域	hǎiyù	29
海原	Hǎiyuán	22
寒冬腊月	hándōng làyuè	30
罕见	hǎnjiàn	24
航班	hángbān	25
航天器	hángtiānqì	16
航天员	hángtiānyuán	16
豪华	háohuá	27
浩大	hàodà	20
核	hé	23
核电站	hédiànzhàn	23
核武器	héwǔqì	23
荷兰	Hélán	18
和谐	héxié	29
黑名单	hēimíngdān	29
横向	héngxiàng	26
呼唤	hūhuàn	18
湖床	húchuáng	20
花岗岩	huāgāngyán	24
华贵	huáguì	27

华盛顿	Huáshèngdùn	24
淮河	Huái Hé	29
怀旧	huáijiù	27
环绕	huánrào	16
缓解	huǎnjiě	22
黄金周	huángjīnzhōu	18
忽略	hūlüè	23
忽视	hūshì	23
回报	huíbào	21
毁	huǐ	17
烩	huì	27
活力	huólì	18
火暴	huǒbào	25
火鸡	huǒjī	27
货币	huòbì	28
获悉	huòxī	18

J

机械厂	jīxièchǎng	21
机智	jīzhì	24
基地	jīdì	26
基于	jīyú	23
跻身	jīshēn	18
激励	jīlì	22
极端	jíduān	23
吉尔吉斯斯坦	Jí'ěrjísīsītǎn	24
急剧	jíjù	19
迹象	jìxiàng	19
济州	Jìzhōu	18
家庭主妇	jiātíng zhǔfù	22
佳作	jiāzuò	17
加勒比	Jiālèbǐ	19
驾驶执照	jiàshǐ zhízhào	26
监督	jiāndū	19

开采	kāicǎi	23
开凿	kāizáo	20
勘探	kāntàn	23
抗拒	kàngjù	18
考察	kǎochá	17
考古	kǎogǔ	20
考核	kǎohé	16
苛刻	kēkè	16
刻苦	kèkǔ	16
客源	kèyuán	18
肯尼迪	Kěnnídí	24
枯竭	kūjié	23
哭笑不得	kū xiào bù dé	30
酷暑炎夏	kù shǔ yán xià	30
矿物	kuàngwù	23
亏损	kuīsǔn	20
匮乏	kuìfá	25
昆山	Kūnshān	29
困扰	kùnrǎo	23

L

拉脱维亚	Lātuōwéiyà	18
蓝图	lántú	24
烂熟	lànshú	27
牢固	láogù	18
劳务	láowù	28
乐子	lèzi	25
雷同	léitóng	18
类似	lèisì	24
冷落	lěngluò	17
理工科	lǐgōngkē	25
礼节	lǐjié	27
立陶宛	Lìtáowǎn	18
联合国	Liánhéguó	19

魅力	mèilì	25
门类	ménlèi	17
蜜月	mìyuè	25
密云	Mìyún	20
免疫	miǎnyì	21
面不改色	miàn bù gǎi sè	27
面纱	miànshā	16
面议	miànyì	18
妙趣横生	miàoqù héngshēng	27
民俗	mínsú	21
模拟	mónǐ	16
模式	móshì	29
莫	mò	29

N

奶酪	nǎilào	27
耐用	nàiyòng	21
南水北调	Nán Shuǐ Běi Diào	20
南中国海	Nán Zhōngguó Hǎi	23
内阁官房长官	Nèigé Guānfáng Zhǎngguān	24
逆转	nìzhuǎn	21
年夜饭	niányèfàn	25
宁夏回族自治区	Níngxià Huízú Zìzhìqū	22
牛排	niúpái	27
牛仔	niúzǎi	24
挪威	Nuówēi	18

P

排练	páiliàn	17
排水	páishuǐ	20
烹饪	pēngrèn	27
疲惫	píbèi	30
翩翩起舞	piān piān qǐ wǔ	27

S

撒哈拉	Sāhālā	19
塞浦路斯	Sàipǔlùsī	18
散客	sǎnkè	18
山珍海味	shān zhēn hǎi wèi	27
膳食	shànshí	27
商务	shāngwù	18
上市	shàngshì	19
上调	shàngtiáo	20
社会保障	shèhuì bǎozhàng	21
涉足	shèzú	20
生态环境	shēngtài huánjìng	29
生肖	shēngxiào	30
生鱼片	shēngyúpiàn	27
升学率	shēngxuélǜ	22
省际	shěngjì	26
剩余劳动力	shèngyú láodònglì	22
实事求是	shí shì qiú shì	24
石太线	Shí-Tài Xiàn	26
失重	shīzhòng	16
食欲	shíyù	16
示范	shìfàn	29
适得其反	shì dé qí fǎn	17
适宜	shìyí	16
势头	shìtóu	17
世面	shìmiàn	21
收藏	shōucáng	16
收购	shōugòu	26
收集	shōují	16
收支	shōuzhī	28
首倡	shǒuchàng	22
首当其冲	shǒu dāng qí chōng	27
首席	shǒuxí	23

手腕	shǒuwàn	
输出	shūchū	18
数据	shùjù	25
树苗	shùmiáo	22
树种	shùzhǒng	22
水坝	shuǐbà	29
水荒	shuǐhuāng	20
水库	shuǐkù	20
水利局	shuǐlìjú	20
水龙头	shuǐlóngtóu	20
水质	shuǐzhì	29
斯洛伐克	Sīluòfákè	18
斯洛文尼亚	Sīluòwénníyà	18
寺庙	sìmiào	30
苏伊士运河	Sūyīshì Yùnhé	20
苏州市	Sūzhōu Shì	29
宿	sù	18
岁月	suìyuè	17

T

台北	Táiběi	22
台风	táifēng	18
台湾海峡	Táiwān Hǎixiá	23
太湖	Tài Hú	29
太原	Tàiyuán	26
泰铢	Tàizhū	26
叹为观止	tàn wéi guān zhǐ	17
探明	tànmíng	23
讨价还价	tǎo jià huán jià	
腾空	téngkōng	16
梯队	tīduì	16
天然气	tiānránqì	23
调味包	tiáowèi bāo	30
听证会	tīngzhènghuì	20

通货膨胀	tōnghuò péngzhàng	20
同步	tóngbù	16
土产	tǔchǎn	22
团圆	tuányuán	25
拖累	tuōlěi	23
脱口而出	tuō kǒu ér chū	30
脱水菜	tuōshuǐcài	30
拓展	tuòzhǎn	20

W

挖掘	wājué	18
弯路	wānlù	21
旺	wàng	18
危机	wēijī	17
帷幕	wéimù	17
惟一	wéiyī	20
未必	wèibì	16
味精	wèijīng	30
文物	wénwù	20
蜗牛	wōniú	27
污水	wūshuǐ	20
无奈	wúnài	30
物资	wùzī	26

X

西吉县	Xījí Xiàn	22
希腊	Xīlà	18
希望工程	Xīwàng Gōngchéng	22
习俗	xísú	25
洗浴	xǐyù	20
喜剧	xǐjù	17
细则	xìzé	19
辖	xiá	29

狭窄	xiázhǎi	23
嫌	xián	21
现役	xiànyì	16
相关	xiāngguān	19
相声	xiàngsheng	17
象征	xiàngzhēng	27
向导	xiàngdǎo	24
效益	xiàoyì	23
协助	xiézhù	24
泄漏	xièlòu	20
新马泰	Xīn-Mǎ-Tài	25
新貌	xīn mào	17
星罗棋布	xīng luó qí bù	26
星座	xīngzuò	30
行程	xíngchéng	18
幸免	xìngmiǎn	19
修订	xiūdìng	19
休假	xiūjià	18
休斯敦	Xiūsīdùn	24
酗酒	xùjiǔ	27
喧宾夺主	xuān bīn duó zhǔ	17
学者	xuézhě	22
学历	xuélì	21
学业	xuéyè	30
循环经济	xúnhuán jīngjì	29
循序渐进	xún xù jiàn jìn	27

Y

雅兴	yǎxìng	27
咽喉	yānhóu	23
烟花爆竹	yānhuā bàozhú	25
沿岸	yán'àn	20
研制	yánzhì	16
延长	yáncháng	19

眼光	yǎnguāng	17
眼界	yǎnjiè	21
扬州市	Yángzhōu Shì	29
阳性	yángxìng	19
养殖	yǎngzhí	29
要道	yàodào	21
要务	yàowù	29
野味	yěwèi	27
医师	yīshī	19
依存	yīcún	23
遗产	yíchǎn	20
遗憾	yíhàn	16
已故	yǐgù	24
异彩	yìcǎi	17
异彩纷呈	yì cǎi fēn chéng	25
疫苗	yìmiáo	19
因地制宜	yīn dì zhì yí	29
隐患	yǐnhuàn	23
隐忧	yǐnyōu	23
引述	yǐnshù	26
印度洋	Yìndù Yáng	23
赢利	yínglì	20
营运	yíng yùn	26
营造	yíngzào	22
影碟	yǐngdié	25
应急	yìngjí	16
应届毕业生	yìngjièbìyèshēng	22
拥堵	yōngdǔ	18
拥挤	yōngjǐ	23
涌进	yǒngjìn	21
用户	yònghù	25
优待	yōudài	26
游人如织	yóu rén rú zhī	25
油田	yóutián	23
油脂	yóuzhī	28

重创	zhòngchuàng	28
中断	zhōngduàn	30
中国国家对外汉语教学领导	Zhōngguó guójiā duì wài hànyǔ	
中国国家广电总局	Zhōngguó Guójiā Guǎngdiàn Zǒngjú	17
中国联通	Zhōngguó Liántōng	25
中国社会科学院	Zhōngguó Shèhuì Kēxuéyuàn	21
中国移动	Zhōngguó Yídòng	25
中校	zhōngxiào	16
诸多	zhūduō	20
猪腿	zhūtuǐ	27
主导	zhǔdǎo	23
主管	zhǔguǎn	20
专家	zhuānjiā	27
转换	zhuǎnhuàn	23
准入	zhǔnrù	21
着眼点	zhuóyǎndiǎn	26
着眼于	zhuóyǎnyú	29
卓越	zhuóyuè	24
资助	zīzhù	22
自来水	zìláishuǐ	20
自行	zìxíng	16
自由贸易区	Zìyóu Màoyìqū	24
宗旨	zōngzhǐ	22
总调度长	zǒngdiàodùzhǎng	26
纵向	zòngxiàng	26
纵深	zòngshēn	22
走向	zǒuxiàng	24
奏效	zòuxiào	27
租车	zū chē	26
阻断	zǔduàn	19
祖宗	zǔzōng	17
组委会	zǔwěihuì	17
诅咒	zǔzhòu	22
尊贵	zūnguì	27
作践	zuòjian	29

参 考 答 案

第十六课

一、根据课文划线连接具有相同特点的词语

"神舟"五号	运行
发射	考核
航天员	"神舟"一号
选拔	载人飞船
运载火箭	杨利伟

"神舟"五号 —— "神舟"一号
发射 —— 运行
航天员 —— 杨利伟
选拔 —— 考核
运载火箭 —— 载人飞船

二、连句

1. ADCB　2. CBAD　3. BACD　4. ADBC

三、指出划线动词的宾语中心词

1. 国家;活动　2. 飞船;任务　3. 选拔和考核;梯队　4. 中心;产品和设施
5. 发射场

四、选择正确答案

1. (3)　2. (4)　3. (1)　4. (2)　5. (1)　6. (3)

阅读一

选择正确答案

1. (1)　2. (3)　3. (3)　4. (4)

阅读二

判断正误

1. 错误　2. 正确　3. 正确　4. 错误　5. 错误

第十七课

一、划线连接具有相同特点的词语

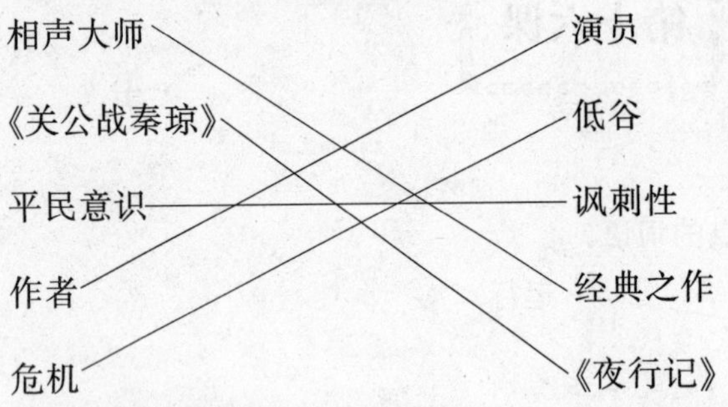

二、指出划线动词的宾语中心词

1. 玩意儿　2. 自己　3. 喜怒哀乐　4. 气氛

三、选择划线词语的正确解释

1. (1)　2. (3)　3. (2)　4. (2)　5. (4)　6. (4)

四、选择正确答案

1. (2)　2. (1)　3. (4)　4. (3)

阅读一

判断正误

1. 正确　2. 错误　3. 正确　4. 错误　5. 正确　6. 错误

阅读二

判断正误

1. 正确　2. 错误　3. 错误　4. 错误

第十八课

一、划线连接具有相同特点的词语

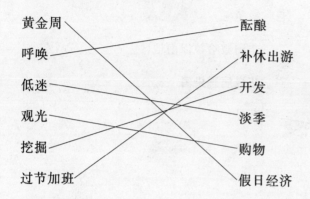

黄金周	假日经济
呼唤	酝酿
低迷	淡季
观光	购物
挖掘	开发
过节加班	补休出游

二、划线搭配动词和名词

导致	低迷
细分	市场
呈现	多元化
享受	旅游
避免	雷同
划分	群体
留下	空间
进入	淡季

三、比较AB两句的意思是否相同

1. 相同　2. 不同　3. 相同　4. 相同　5. 不同

四、判断正误

1. 正确　2. 错误　3. 错误　4. 正确

阅读一

选择正确答案

1. (3)　2. (2)　3. (1)　4. (4)

阅读二

判断正误

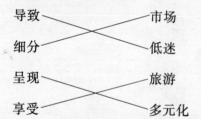

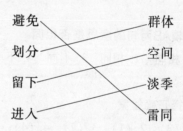

1. 正确　2. 正确　3. 错误　4. 错误

第十九课

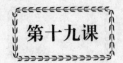

一、划线连接具有相同特点的词语

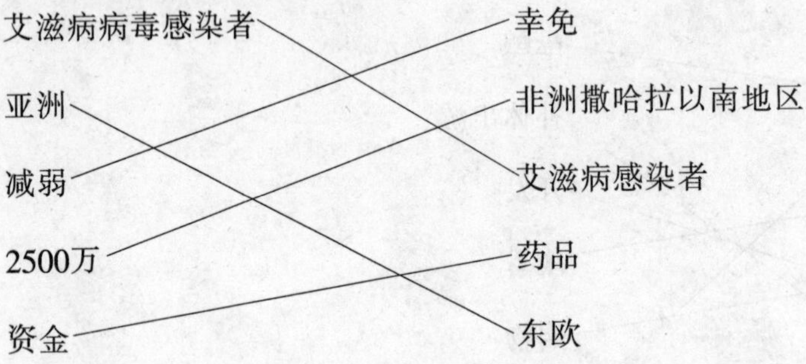

二、连句

1. ABCD　2. DACB　3. CBAD　4. CABD　5. DCBA

三、比较AB两句的意思是否相同

1. 相同　2. 相同　3. 不同　4. 不同

四、选择正确答案

1. (3)　2. (1)　3. (2)　4. (4)　5. (4)

阅读一

判断正误

1. 正确　2. 正确　3. 错误　4. 错误　5. 正确　6. 错误

阅读二

判断正误

1. 正确　2. 错误　3. 正确　4. 错误

第二十课

一、划线连接具有相同特点的词语

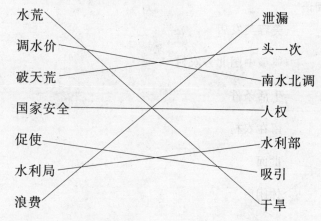

水荒 — 干旱
调水价 — 南水北调
破天荒 — 头一次
国家安全 — 人权
促使 — 吸引
水利局 — 水利部
浪费 — 泄漏

二、划线搭配动词和名词

面临 — 威胁
涉足 — 行业
享受 — 补贴
缺乏 — 意识

引起 — 通货膨胀
推广 — 计划
寻找 — 机会
控制 — 水价

三、比较AB两句的意思是否相同

1. 相同　2. 相同　3. 相同　4. 不同　5. 不同

四、判断正误

1. 正确　2. 错误　3. 正确　4. 错误　5. 正确　6. 正确　7. 正确

阅读一

判断正误

1. 错误　2. 错误　3. 正确　4. 正确　5. 正确　6. 正确

阅读二

选择正确答案

1. (3)　2. (4)　3. (1)　4. (3)　5. (2)

第二十一课

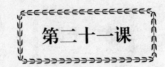

一、划线连接具有相同特点的词语

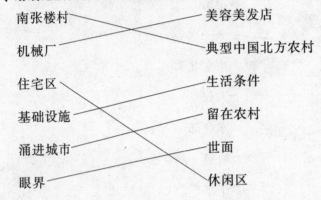

南张楼村	美容美发店
机械厂	典型中国北方农村
住宅区	生活条件
基础设施	留在农村
涌进城市	世面
眼界	休闲区

三、选择划线词语的正确解释

1. (1)　2. (2)　3. (3)　4. (4)　5. (1)　6. (2)　7. (4)

四、选择正确答案

1. 正确　2. 错误　3. 错误　4. 正确

阅读一

选择正确答案

1. (1)　2. (2)　3. (2)　4. (4)　5. (3)

阅读二

判断正误

1. 错误　2. 正确　3. 错误　4. 正确

第二十二课

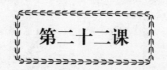

一、划线连接具有相同特点的词语

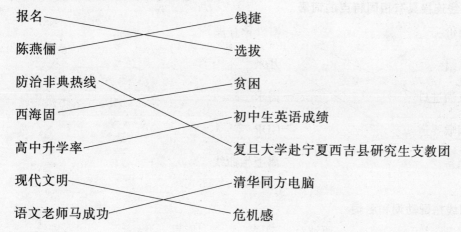

报名 —— 选拔

陈燕俪 —— 钱捷

防治非典热线 —— 复旦大学赴宁夏西吉县研究生支教团

西海固 —— 贫困

高中升学率 —— 初中生英语成绩

现代文明 —— 危机感

语文老师马成功 —— 清华同方电脑

二、划线搭配动词和名词

招募 —— 志愿者

递交 —— 报名表

通过 —— 考试

缓解 —— 困难

实施 —— 计划

注入 —— 活力

打破 —— 记录

录取 —— 学生

三、判断对划线词语的解释是否正确

1. 正确　2. 错误　3. 正确　4. 错误

四、判断正误

1. 错误　2. 正确　3. 正确　4. 错误　5. 正确

阅读一

判断正误

1. 正确　2. 错误　3. 错误　4. 正确

阅读二

判断正误

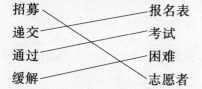

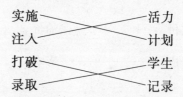

1. 正确　2. 错误　3. 错误　4. 错误

第二十三课

一、划线连接具有相同特点的词语

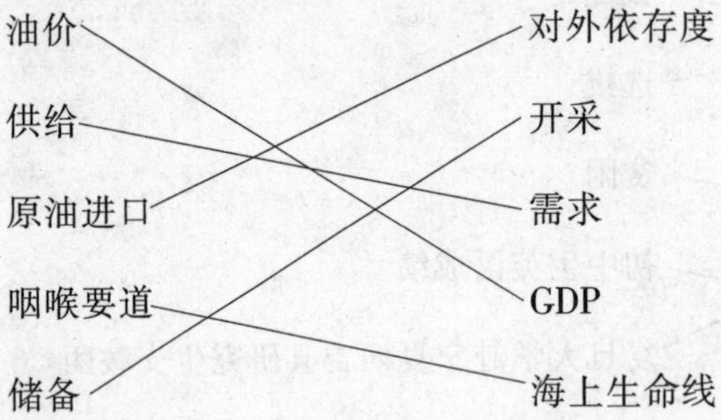

二、划线搭配动词和名词

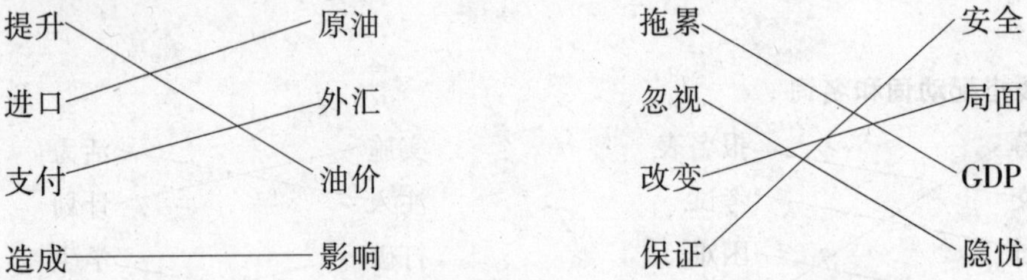

三、连句

1. DCBA　2. BADC　3. CADB　4. ACDB

四、比较AB两句的意思是否相同

1. 不同　2. 不同　3. 相同　4. 相同

阅读一

判断正误

1. 正确　2. 错误　3. 正确　4. 正确　5. 错误　6. 正确

阅读二

判断正误

1. 错误　2. 正确　3. 正确　4. 错误

第二十四课

一、划线连接具有相同特点的词语

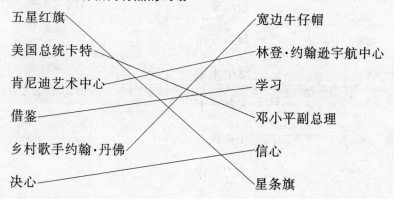

五星红旗	宽边牛仔帽
美国总统卡特	林登·约翰逊宇航中心
肯尼迪艺术中心	学习
借鉴	邓小平副总理
乡村歌手约翰·丹佛	信心
决心	星条旗

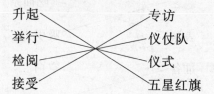

二、划线搭配动词和名词

升起	专访	亲吻	飞船
举行	仪仗队	引起	细节
检阅	仪式	参观	孩子
接受	五星红旗	询问	欢呼

三、判断对划线词语的解释是否正确

1. 正确　2. 错误　3. 正确　4. 错误　5. 错误

四、判断正误

1. 正确　2. 错误　3. 正确　4. 错误　5. 正确　6. 错误　7. 正确

阅读一

选择正确答案

1. (2)　2. (1)　3. (4)　4. (2)　5. (4)

阅读二

判断正误

1. 正确　2. 错误　3. 正确　4. 错误　5. 正确

第二十五课

一、划线连接具有相同特点的词语

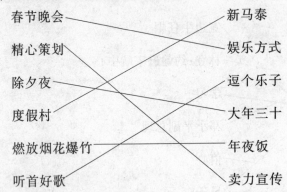

春节晚会——娱乐方式
精心策划——卖力宣传
除夕夜——大年三十
度假村——新马泰
燃放烟花爆竹——年夜饭
听首好歌——逗个乐子

二、划线搭配动词和名词

关注——春节晚会
发——短信
包——饺子
打——保龄球

缺乏——吸引力
表演——《吃面条》
准备——年夜饭
填补——空白

三、比较AB两句的意思是否相同

1. 相同　2. 相同　3. 不同　4. 不同　5. 不同

四、判断正误

1. 错误　2. 错误　3. 正确　4. 正确　5. 错误

阅读一

选择正确答案

1. (3)　2. (2)　3. (1)　4. (4)

阅读二

判断正误

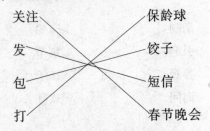

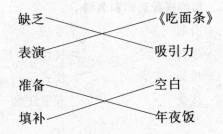

1. 正确　2. 错误　3. 错误　4. 正确

第二十六课

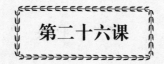

一、划线连接具有相同特点的词语

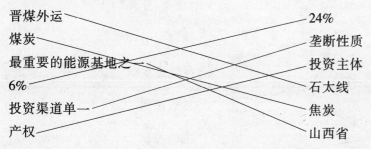

晋煤外运	24%
煤炭	垄断性质
最重要的能源基地之一	投资主体
6%	石太线
投资渠道单一	焦炭
产权	山西省

三、比较AB两句的意思是否相同

1. 相同　2. 相同　3. 不同　4. 相同　5. 不同

四、判断正误

1. 正确　2. 正确　3. 错误　4. 错误　5. 正确　6. 错误　7. 错误

阅读一

判断正误

1. 正确　2. 错误　3. 正确　4. 错误

阅读二

选择正确答案

1. (1)　2. (4)　3. (3)　4. (4)

第二十七课

一、划线连接具有相同特点的词语

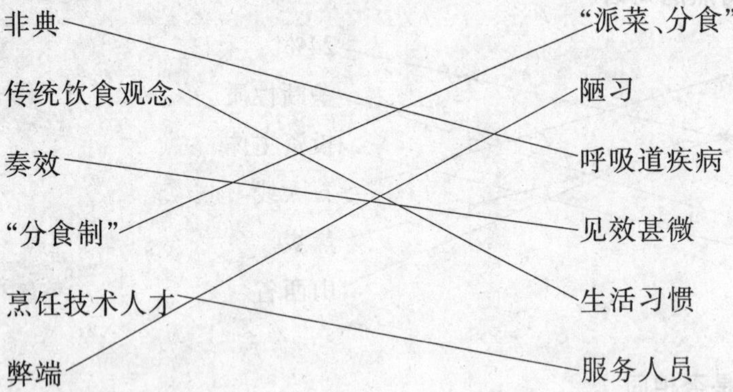

二、划线搭配动词和名词

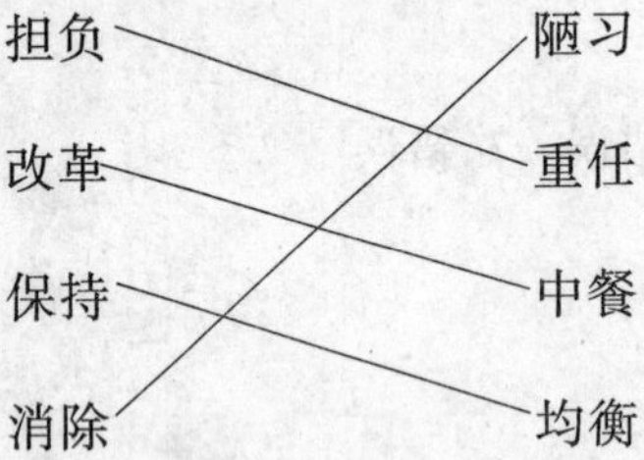

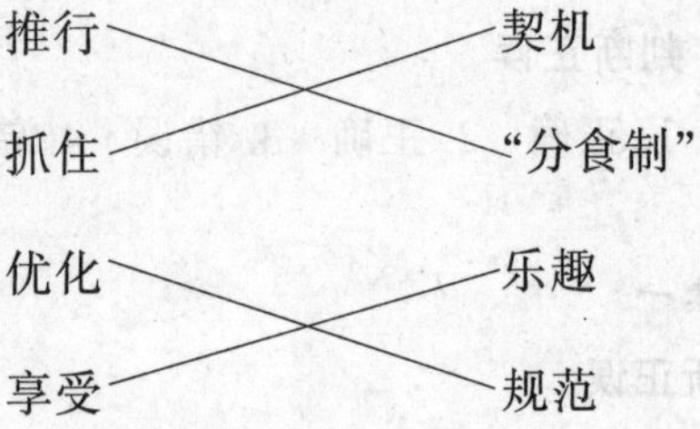

三、判断对划线词语的解释是否正确

1. 正确　2. 正确　3. 错误　4. 错误　5. 正确

四、选择正确答案

1. (4)　2. (1)　3. (3)　4. (2)

阅读一

判断正误

1. 正确　2. 错误　3. 错误　4. 正确　5. 正确　6. 错误

阅读二

判断正误

1. 正确　2. 错误　3. 错误　4. 错误　5. 正确

第二十八课

一、划线连接具有相同特点的词语：

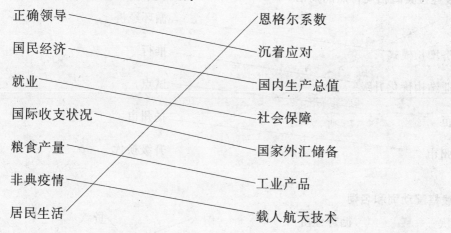

正确领导	沉着应对
国民经济	国内生产总值
就业	社会保障
国际收支状况	国家外汇储备
粮食产量	工业产品
非典疫情	载人航天技术
居民生活	恩格尔系数

三、连句

1. ACDB 2. DCAB 3. ABDC 4. BADC

四、选择正确答案

1. (4) 2. (3) 3. (1) 4. (2) 5. (2) 6. (3)

阅读一

判断正误

1. 正确 2. 正确 3. 错误 4. 错误 5. 错误

阅读二

判断正误

1. 正确 2. 正确 3. 错误 4. 错误 5. 正确

第二十九课

一、划线连接具有相同特点的词语

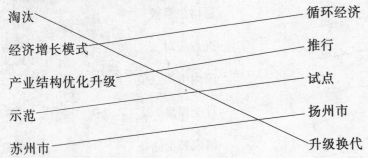

淘汰 — 升级换代
经济增长模式 — 循环经济
产业结构优化升级 — 推行
示范 — 试点
苏州市 — 扬州市

二、划线搭配动词和名词

淘汰 — 企业
促进 — 转变
发展 — 循环经济
保护 — 生态

纳入 — 纲要
推进 — 再利用和再循环
减少 — 排放
提供 — 贷款

三、指出划线动词的宾语中心词

1. 转变 2.《关于加强生态环境保护和建设的意见》;“第一要务”
3. 防治;基地和软件园 4. 城市 5. 调整和升级换代;生态链

四、判断正误

1. 正确 2. 正确 3. 错误 4. 错误 5. 正确 6. 错误

阅读一

选择正确答案

1. (1) 2. (3) 3. (4) 4. (2)

阅读二

判断正误

1. 正确 2. 错误 3. 错误 4. 正确 5. 错误

第三十课

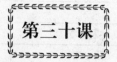

一、划线连接具有相同特点的词语

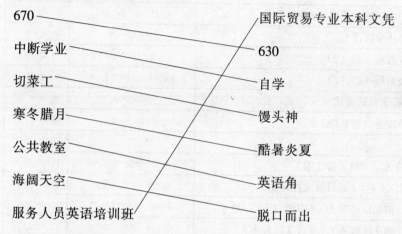

670	国际贸易专业本科文凭
中断学业	630
切菜工	自学
寒冬腊月	馒头神
公共教室	酷暑炎夏
海阔天空	英语角
服务人员英语培训班	脱口而出

三、比较A、B两句的意思是否相同

1. 相同　2. 相同　3. 不同　4. 相同

四、选择正确答案

1.（4）　2.（2）　3.（2）　4.（3）　5.（1）

阅读一

判断正误

1. 错误　2. 正确　3. 正确　4. 错误

阅读二

判断正误

1. 正确　2. 错误　3. 错误　4. 正确　5. 错误